D1729778

Daniel Tristram

Risikofaktoren für ausländische Direktinvestitionen

Eine empirische Studie über die Abhängigkeit
ausländischer Direktinvestitionen von
Risikofaktoren am Beispiel des
Wirtschaftsraumes Lateinamerika

Diplomica Verlag GmbH

Tristram, Daniel: Risikofaktoren für ausländische Direktinvestitionen: Eine empirische Studie über die Abhängigkeit ausländischer Direktinvestitionen von Risikofaktoren am Beispiel des Wirtschaftsraumes Lateinamerika.
Hamburg, Diplomica Verlag GmbH 2013

Buch-ISBN: 978-3-8428-6398-9
PDF-eBook-ISBN: 978-3-8428-1398-4
Druck/Herstellung: Diplomica® Verlag GmbH, Hamburg, 2013

Bibliografische Information der Deutschen Nationalbibliothek:
Die Deutsche Nationalbibliothek verzeichnet diese Publikation in der Deutschen Nationalbibliografie; detaillierte bibliografische Daten sind im Internet über http://dnb.d-nb.de abrufbar.

© Diplomica Verlag GmbH
Hermannstal 119k, 22119 Hamburg
http://www.diplomica-verlag.de, Hamburg 2013
Printed in Germany

Inhaltsverzeichnis

Abbildungsverzeichnis

Tabellenverzeichnis

Abkürzungsverzeichnis

Abb	Abbildung
ADI	Ausländische Direktinvestitionen
BIP	Bruttoinlandsprodukt
BRS	Business Risk Service
BERI	Business Environment Risk Intelligence
BNE	Bruttonationaleinkommen
BSP	Bruttosozialprodukt
DIN	Deutsches Institut für Normung
DSR	Debt Service Ratio
ECLAC	Economic Commission for Latin America and the Caribbean
FDI	Foreign Direct investment
FuE	Forschung und Entwicklung
IADB	Inter- America Development Bank
ICRG	International Country Risk Guide
IWF	Internationaler Währungsfond
ISI	Importsubstituierende Industrialisierung
MIGA	Multilateral Investment Guarantee Agency
MNU	Multinationale Unternehmen
OECD	Organisation of Economic Development
OLI	Ownership-specific-, Internalisation incentive-, Locational advantages
OLS	Ordinary Least Squares
ORI	Operational Risk Index
PRI	Political Risk Index
PRS	Political Risk Service
Tab	Tabelle
Vgl	Vergleiche
VIF	Variance Inflation Factor
WDI	World Development Indicators
WHO	Welthandelsorganisation

1. Einleitung

1.1 Forschungsstand, Fragestellungen und Zielsetzung der Untersuchung

Die globale Wirtschaft ist seit Jahrzehnten gekennzeichnet durch die stetige Zunahme weltwirtschaftlicher Verflechtung. Seitens der Unternehmen finden Outsourcing und Produktionsverlagerungen über Ländergrenzen und Kontinente statt, welche ganze Bereiche der Wertschöpfungskette betreffen. Multinational agierende Unternehmen werden nicht mehr zentralistisch aus einem Land geführt, sondern dezentral über ein komplexes Netz aus Zweigstellen und Tochtergesellschaften gesteuert. Ihr weltweiter Einfluss nimmt aufgrund von fortschreitenden Beteiligungen an Firmen und Neugründungen von Zweigstellen beständig zu. Eine Form von Kapitalbeteiligungen multinationaler Unternehmen sind ausländische Direktinvestitionen. In der Regel sind dies längerfristig angelegte Kapitalzuflüsse an Standorte mit dem Ziel, Einfluss auf Märkte oder in Branchen zu gewinnen. Die Beteiligungen über Direktinvestitionen und deren Verflechtungen sind wirtschaftspolitisch für Schwellen- wie Entwicklungsländer von großem Interesse. In vielen Fällen ist die inländische Betriebsstruktur dieser Staaten nur schwach ausgeprägt und aus Gründen geringer Produktivität auf dem Weltmarkt nicht wettbewerbsfähig. Um das wirtschaftliche Wachstum im Land voran zu treiben, leiten viele Staaten Maßnahmen ein, um mehr Investitionen aus dem Ausland zu akquirieren. Hierdurch erhoffen sie sich eine Steigerung der Produktivität und Effizienz der Unternehmensstrukturen, und daraus resultierend eine höhere Wettbewerbsfähigkeit auf dem Weltmarkt. Die von den Zielländern erwarteten Effekte ausländischer Direktinvestitionen werden kontrovers diskutiert und bieten genügend Stoff für eine eigene Untersuchung (vgl. NUNNENKAMP 2005:24ff.). Dieses Buch behandelt ausländische Direktinvestitionen aus Sicht der investierenden Unternehmen.

Für Investoren stellen die Emerging Markets der Entwicklungs- und Schwellenländer mit ihren oftmals hohen wirtschaftlichen Wachstumsraten ein beliebtes Ziel ausländischer Direktinvestitionen dar. Ein weiterer Grund sind geringere Kostenfaktoren als in Hochlohnländern, welche günstige Produktionen von Exportprodukten ermöglichen und somit unternehmerische Gewinne steigern. Die Höhe der Zuflüsse aus dem Ausland in ein Land ist abhängig von einer Vielzahl von Faktoren, die über die Standortgunst oder -ungunst entscheiden. Zu nennen sind hier beispielsweise das Vorhandensein von Rohstoffen, Produktionsfaktoren wie Kosten für Arbeit und Boden, oder auch das Steuerrecht für Unternehmen und Investitionen innerhalb eines Staates.

Weitere Faktoren, welche Entscheidungen von Investoren über Direktinvestitionen beeinflussen können, sind spezielle Risiken, welche in Emerging Markets vorherrschen. Viele wachstumsstarke Länder befinden sich in Entwicklungsprozessen, welche Industrieländer seit langem durchlaufen haben, und weisen ökonomische, gesellschaftliche und bürokratische Risiken auf, die einhergehen mit schwach ausgebildeten institutionellen Rahmenbedingungen. In diesem Zusammenhang wären z.b. zu nennen: soziale Unruhen oder Aufstände, eine drastische Erhöhung der Inflationsrate, durch die Auslandsschuld nicht mehr beglichen werden kann, eine ineffizient arbeitende Verwaltung etc. Diese und weitere Einflussfaktoren können sich negativ, in ihrer Ausprägung unterschiedlich stark, auf geplante Investitionsvorhaben ausländischer Unternehmen auswirken.

Die Untersuchung dieser Risiken und ihr Einfluss auf ausländische Direktinvestitionen ist seit längerer Zeit Forschungsgegenstand wissenschaftlicher Untersuchungen von Banken, Unternehmen und Institutionen (z. B. BASI 1963, AHARONI 1966, OECD 1993, JOST/NUNNENKAMP 2002, STOSBERG 2004, BUSSE/HEFEKER 2005, HAIZLER 2008). Die unterschiedlichen Schwerpunkte der zu diesem Thema veröffentlichten Arbeiten liefern eine Fülle von Erkenntnissen zur Thematik dieser Untersuchung, die in einem späteren Kapitel besprochen werden. Die Analyse von Länderrisiken und Direktinvestitionszuflüssen ist eine ständig im Wandel begriffene Forschung, da Rahmenbedingungen und Zustände von Staaten einem kontinuierlichen, sich änderndem Entwicklungsprozess unterliegen. Im Rahmen einer wirtschaftsgeographischen Studie bietet die vorliegende Untersuchung eine Fülle von unternehmensrelevanten Aspekten, die aus der Interaktion und Verknüpfung von wirtschaftlichen, politischen und soziokulturellen Faktoren der Entwicklung von Märkten und Ländern herrühren. Der Analyse politischer Länderrisiken liegt eine komplexe Thematik zugrunde. Diese übersichtlich und verständlich darzustellen ist ein Anliegen dieser Studie.

Hauptziel dieser Untersuchung ist die Bewertung des Einflusses politischer Risikodeterminanten auf ausländische Direktinvestitionen in den Emerging Markets Lateinamerikas. Folgende Fragen werden im Lauf der Studie beantwortet:

1. Welche Arten von Risiken sind für Unternehmen bei der Betrachtung von Emerging Markets bedeutsam?
2. Woraus resultieren Länderrisiken und wie lassen sie sich beschreiben und messen?

3. Welchen Beitrag leisten bereits veröffentlichte Studien der Beziehung von ADI und Risiko zur Hypothese dieser Untersuchung generell und zur empirischen Analyse im speziellen?

4. Welche der untersuchten Risikodeterminanten besitzen eine Relevanz für die Region Lateinamerika? Warum besitzen sie Relevanz? Lassen sich die gewonnen Erkenntnisse auf Märkte in anderen Regionen übertragen?

Die dieser Studie zugrunde liegende Hypothese lautet: Risikodeterminanten besitzen einen Einfluss auf ausländische Direktinvestitionen in den Emerging Markets Lateinamerikas. Dieser Einfluss wichtiger Faktoren ist jedoch nicht grundsätzlich auf andere Emerging Markets übertragbar.

1.2 Aufbau der Untersuchung und methodische Vorgehensweise

Die Studie ist besitzt einen theoretischen und einen empirischen Teil. Die empirische Untersuchung findet in Kapitel 4 statt. Das zweite Kapitel beginnt mit der Darstellung der Hauptmotive ausländischer Direktinvestitionen seitens der Unternehmen. Darauf folgt mit der Betrachtung des eklektischen Paradigma die Beschreibung der Theorie, auf welcher die Unternehmensstrategien basieren. Im Anschluss werden für diese Untersuchung wichtige Grundlagen des Länderrisikos dargestellt. Der Zweck hierbei ist, sich in der Praxis überschneidende Risikofaktoren für unternehmerische Investitionen im theoretischen Kontext klar voneinander abzugrenzen. Die detaillierte Vorstellung der verschiedenen Risikodeterminanten trägt hierzu bei. Kapitel 3 behandelt im ersten Teil unterschiedliche und häufig genutzte Analysekonzepte, die zur Messung von Länderrisiken existieren. Zudem verdeutlicht das Kapitel, wie die in der späteren empirischen Untersuchung genutzten Indikatoren gewonnen werden, und zeigt Vor- und Nachteile der genannten Analysemethoden auf. Im zweiten Teil von Kapitel 3 findet eine umfangreiche Beschreibung von Ergebnissen früherer Arbeiten statt, die sich mit der Thematik dieser Analyse beschäftigen. Die aufgezeigten Ergebnisse sind teils kontrovers. Sie liefern einen Überblick über den aktuellen Forschungsstand zum Thema dieser Untersuchung und dienen zum Vergleich mit den in Kapitel 4 erzielten Resultaten der vorgenommenen multiplen Regressionsanalyse. Der empirische Teil in Kapitel 4 beginnt mit der Beschreibung wirtschaftlicher und soziokultureller Eckdaten der Untersuchungsregion Lateinamerika. Nachfolgend werden die Struktur, Verteilung und Bedeutung von ADI in der Region behandelt. Kapitel 4.2 beinhaltet den empirischen Kern der Studie. Anhand eines statistischen Modells wird mittels multipler Regressionsanalyse das in Kapitel 1.1 definierte

Hauptziel der Untersuchung analysiert. Die gemachten Resultate werden mit den Erkenntnissen vorheriger Veröffentlichungen verglichen. Kapitel 5 fasst wesentliche Ergebnisse zusammen und nimmt Stellung zu den eingangs formulierten Leitfragen der Untersuchung. Zudem werden Schlussfolgerungen über die Bedeutung von Risikodeterminanten für ausländische Direktinvestitionen in Emerging Markets gezogen und vorsichtige Handlungsempfehlungen abgegeben.

2. Theoretische Grundlagen des Länderrisikos und ausländischer Direktinvestitionen

Das zweite Kapitel besitzt verschiedene Ziele. Zu Beginn werden für diese Studie wesentliche Grundlagen ausländischer Direktinvestitionen behandelt. Darauf folgen die begriffliche Bestimmung und Definition des in diesem Buch thematisierten Länderisikos sowie generalisierte Unterscheidungsmöglichkeiten von Risiken für eine internationale Unternehmung. Anschließend wird mit der Darstellung der Bestimmungsfaktoren des Länderrisikos der theoretische Kern dieser Untersuchung behandelt. Abschließend werden einige potenzielle Konzepte und Ansätze für Länder zur Reduzierung der vorherig im Kapitel besprochenen Risikofaktoren genannt.

2.1 Das eklektische Paradigma als Erklärungsansatz für ADI

2.1.1 Hauptmotive für Direktinvestitionen

Ausländische Direktinvestitionen sind internationale Kapitalströme mit dem Ziel, Betriebsstätten oder Tochterunternehmen an einem bestimmten Standort zu errichten, ausländische Unternehmen zu erwerben oder sich an ihnen in einem Maße zu beteiligen, dass entscheidenden Einfluss auf die Unternehmenspolitik ermöglicht (vgl. WINTER 2006:154; BALLEIS 1984:19). Diesem Ziel liegen Motive und Strategien international agierender Unternehmen zugrunde, welche versuchen, durch ihre Umsetzung spezifische Vorteile gegenüber konkurrierenden Unternehmen zu erwerben. Obwohl viele potenzielle Motive für Unternehmen existieren, die ein Engagement bei der Errichtung ausländischer Direktinvestitionen erklären, ist es möglich, einige zentrale Motive herauszustellen. Nach dem eklektischen Paradigma von Dunning lassen sich vier zentrale Strategien unterscheiden, die Unternehmen zu internationalen Investitionen veranlassen (vgl. BATHELT/GLÜCKLER 2002:274f.; DUNNING 1993:56 STOSBERG 2005:46ff.). Diese sind in Abb. 1 dargestellt.

8

Beschaffungs- und faktororientierte Motive ausländischer Direktinvestitionen von MNU liegen vor, wenn Unternehmen ihre Aktivitäten verlagern, weil bestimmte benötigte Ressourcen schwer oder nur zu höheren Preisen im Heimatland verfügbar sind. Durch Direktinvestitionen wird somit die Versorgung mit Ressourcen gesichert oder die Wettbewerbsposition gestärkt.

Beschaffungs- und faktororientierte Motive	Markt- und absatzorientierte Motive
• Materielle Ressourcen • Immaterielle Ressourcen • Arbeitskräfte • Physische Infrastruktur	• Nachfolgen von Lieferanten oder Kunden • Produktanpassung an lokale Bedürfnisse • Produktions-, Transport- und Transaktionskosten • Anwesenheit auf Konkurrenzmarkt
Erwerb strategischer Aktiva	**Kosten- und ertragsorientierte Motive**
• Stärkung spezifischer Standort- und Wettbewerbsvorteile • Fusionen gegen stärkere Wettbewerber • Nutzung von Vertriebskanälen	• Nutzung unterschiedlicher Faktorausstattungen oder Marktstrukturen • Anpassung an Nachfragebedingungen des Marktes

Quelle: Eigene Darstellung nach BATHELT/GLÜCKLER 2002:274f; STOSBERG 2005:46f, verändert

Abb. 1: Hauptmotive für ausländische Direktinvestitionen

Beschaffungs- und faktororientierte Investitionen finden hauptsächlich aus folgenden Gründen statt:

- zum Erwerb von materiellen Ressourcen wie Lagerstätten von Rohstoffen, Mineralien oder landwirtschaftlichen Produkten, welche für den Produktionsprozess benötigt werden. Beispiele sind Öl, Kohle, Kupfer, Gummi, Zucker, etc.

- zur Nutzung lokal vorhandener und günstiger Arbeitskräfte. Sie werden bei arbeitsintensiven Produktionen benötigt, die heutzutage in Hochlohnländern nicht mehr rentabel hergestellt werden können. Beispiele sind die Textilienproduktion in den Ländern Mittelamerikas, oder auch die Veredelungsprozesse von Elektronikteilen in Mexikos Maquiladoras. Auch die Suche nach hochqualifizierten Arbeitskräften für bestimmte Tätigkeiten an einem Standort zählt zu den beschaffungs- und faktororientierten Motiven von MNU.

- für den Erwerb immaterieller Ressourcen wie der Übernahme von spezialisiertem technologischem Wissen und Managementfähigkeiten zur Steigerung innovativer Fähigkeiten. Hierzu zählen beispielsweise Übernahmen und Beteiligungen in Bereichen der Informations- und Kommunikationstechnologie.

- zur Nutzung bestimmter vorhandener physischer Infrastruktur wie Verkehr, Energieversorgung oder Telekommunikation.

Markt- und absatzorientierte Motive der Internationalisierung von Unternehmen basieren auf Strategien, die darauf abzielen, ausländische Märkte zu erschließen und zu sichern. Am Beginn der Markterschließung stehen Handelsverflechtungen zwischen Unternehmen und Zielmarkt. Bei Intensivierung dieser Handelsbeziehungen folgen ADI zum Aufbau eigener Vertriebs- und Produktionsstätten. Wichtige Faktoren für potenzielle Märkte sind Größe und Kaufkraft eines Marktes, das Pro-Kopf-Einkommen der Einwohner oder die personelle Einkommensverteilung. Weitere wichtige Faktoren sind das prognostizierte Marktwachstum oder auch die vorherrschende Wettbewerbssituation und der Zugang zu regionalen und globalen Märkten. Zentrale markt- und absatzorientierte Strategien sind im Einzelnen:

- eine Produktionsverlagerung von Hauptzulieferern oder der Kundschaft des eigenen Produkts in Auslandsmärkte, und die hiermit verbundene Verlagerung der eigenen Produktionsstätte. Z. B. anzutreffen im Bereich der unternehmensnahen Dienstleistungen, die ihrer Kundschaft folgen.
- die leichtere Anpassung eines Produktes an bestimmte, lokal differente Bedürfnisse und Geschmäcker eines Marktes. Beispielhaft bei der Konsumgüterherstellung wie Essen, Trinken oder Kleidung.
- der Abwägung zwischen Massenproduktionsvorteilen im eigenen Land, und Transport- wie Transaktionskosten in andere Märkte. Bei effizienter Produktion kann es günstiger für ein Unternehmen sein, die Produktion ins Zielland zu verlagern, als das Land über Exporte zu beliefern.
- die Anwesenheit auf Märkten, in denen andere Wettbewerber dominieren, kann ein weiteres marktorientiertes Motiv für ADI darstellen.

Kosten- und ertragsorientierte Motive für ADI liegen vor, wenn Märkte aufgrund von ressourcenbasierten oder absatzorientierten Strategien erschlossen wurden. In einem nächsten Schritt besteht die Möglichkeit, über effizienzoptimierende Prozesse eine Steigerung der Produktionsorganisation zu erreichen. Kosten- und ertragsorientierte Strategien besitzen zwei Hauptgründe:

- zum einen nutzen Unternehmen unterschiedliche Faktorausstattungen von Standorten für ihre Produktionsprozesse. Beispielsweise werden arbeitsintensive Produktionen werden in die Emerging Markets der Entwicklungs- und Schwellenländer verlagert, und kapitalintensive Produktionen in Hochlohnländer.

- zum anderen finden die Investitionen wie schon bei den markt- und absatzorientierten Motiven beschrieben aufgrund von Produktanpassungen an Märkte statt. Um regionale Geschmäcker und Vorlieben für ein bestimmtes Produkt zu identifizieren, kann es für ein Unternehmen sinnvoll sein, vor Ort zu produzieren. Dies kann unter Umständen den Absatz am Markt erhöhen.

Erwerb strategischer Aktiva stellen Motive für ADI dar, die von Unternehmen gezielt unternommen werden, um spezifische Standort- und Wettbewerbsvorteile zu verteidigen, zu sichern und zu stärken, oder um Standortvorteile von Konkurrenten in ausländischen Märkten zu mindern. Dies können beispielsweise Firmenfusionen von zwei kleineren Unternehmen sein, um sich an einem Markt Vorteile gegenüber der Konkurrenz eines größeren Hauptlieferanten eines Produktes zu verschaffen. Weiterhin wäre auch die Übernahme eines Unternehmens, um seine Vertriebskanäle zu nutzen, in diesem Zusammenhang denkbar.

Wie eingangs erwähnt kann die Aktivität von Unternehmen auf ausländischen Märkten durch vielfältige Gründe erklärt werden. In diesem Zusammenhang wird deutlich, welche Schwierigkeit besteht, eine Theorie zu formulieren, die alle treibenden Kräfte von Direktinvestitionen berücksichtigt. Ein Versuch, verschiedene partialanalytische Theorien zu einem einheitlichen Theoriegerüst zusammenzufassen, ist der von DUNNING in den 70er Jahren entwickelte theoretische Ansatz des eklektischen Paradigma.

2.1.2 Theorie des eklektischen Paradigma

Die Theorie des eklektischen Paradigmas versucht partialanalytische Theorien wie die Theorie des monopolistischen Vorteils, die Standorttheorie, sowie auch die Internalisierungstheorie zu einem einheitlichen Theoriegerüst zusammenzufassen (vgl. PEISERT 2005:170). Der Begriff eklektisch bezieht sich hierbei zum einen auf die Integration der unterschiedlichen Ansätze zur Erklärung der internationalen Aktivitäten von Unternehmen. Zum anderen bezieht er sich auf die im vorigen Kapitel genannten verschiedenen Motive internationaler Produktion, als auch der drei Hauptformen des internationalen Engagements von Unternehmen. Dies sind Exporte, Lizenzvergabe und Direktinvestition (vgl. HUMMEL 1997:65). Nach DUNNING (1981:79ff.) müssen drei Bedingungen erfüllt sein, damit ein Unternehmen Direktinvestitionen im Ausland unternimmt. Abb. 2 stellt die nach DUNNING nötigen Bedingungen für die Vergabe von Direktinvestitionen wie auch die alternativen Formen für eine Marktpenetration seitens MNU dar.

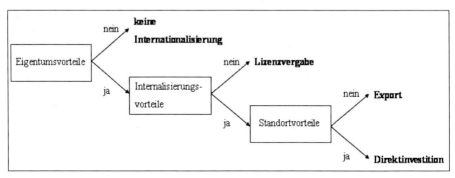

Quelle: eigene Darstellung nach HAAS/NEUMAYR 2006:233

Abb. 2: Internationale Marktbearbeitungsformen im Eklektischen Paradigma

Am Beginn der Internationalisierung einer Unternehmung stehen **unternehmenseigene Wettbewerbsvorteile** gegenüber Unternehmen anderer Nationalitäten oder auch anderen Unternehmen aus dem gleichen Land. Sie werden als „ownership-specific-advantages" oder auch „O advantages" bezeichnet. Hierbei handelt es sich oftmals um den Erwerb von „intangible assets", also immateriellen Vermögenswerten. Zu ihnen zählt einerseits der Erwerb von Erfahrung oder Marketingfähigkeiten, oder auch Eigentumsrechten. Andererseits sind unter „intangible assets" Vorteile zu verstehen, die durch den Zugriff auf Kapazitäten im Netzwerk von MNU entstehen. Zu den Vorteilen durch Netzwerkzugriff zählt beispielsweise die Möglichkeit, günstiges Know-how vom Mutterkonzern zu beziehen oder auch bestimmte konzerninterne Handelsgeheimnisse wie Abnehmerlisten oder Patentrechte nutzen zu können. Andere „O advantages" wie Produkt- und Prozessdiversifikation, die mögliche Vorteilsnutzung der Arbeitsteilung und Spezialisierung an einem Standort, oder auch Anstreben des Monopols eines Unternehmens zielen auf die Etablierung der Wettbewerbsposition ab. Weitere entscheidende Kriterien sind der Zugriff auf natürliche Ressourcen, Information, Finanzen oder auch FuE- Kapazitäten. Sind keine unternehmenseigenen Wettbewerbsvorteile vorhanden, ist von einer Internationalisierung abzusehen. Sollten Vorteile bestehen, stehen grundsätzlich Exporte, Lizenzen oder Direktinvestitionen als Formen internationaler Marktbearbeitungsstrategien zur Verfügung.

12

Bei Erfüllung der ersten Bedingung, wenn also ein Unternehmen unternehmensspezifische Vorteile besitzt, wird es trotzdem nur dann im Ausland investieren, wenn dies ertragreicher erscheint als andere Möglichkeiten der Vorteilsnutzung. Es müssen **Internalisierungsvorteile** bestehen, auch „internalisation incentive advantages" oder „I advantages" genannt. Der Erlös der unternehmensinternen Nutzung von Wettbewerbsvorteilen muss größer sein als der Verkauf oder die Lizenzvergabe an andere Unternehmen. Die Internalisierung der eigenen Unternehmung wird der Externalisierung vorgezogen. Den theoretischen Hintergrund zur Internalisierung liefern Theorien der Unternehmung, z. B. der Transaktionskostenansatz. „So führen Kosten zur Durchsetzung des Eigentumsrechts, Käuferunsicherheit, fehlende Möglichkeiten zur Preisdifferenzierung oder die Abwesenheit von Zukunftsmärkten dazu, dass die Ausnutzung des Vorteils internalisiert wird, während ein starkes Patentrecht die grenzüberschreitende Lizenzvergabe fördert." (HUMMEL 1997:66) Weitere Internalisierungsvorteile für Unternehmen können sich aus Kosteneinsparungen im Bezug auf Markttransaktionen ergeben, welche die Suche nach Abnehmern, die Verhandlungen bei oder auch das Monitoring von Transaktionen einbeziehen. Außerdem umschließen sie die Kontrolle bei der Versorgung und der Qualität von hergestellten Produktionsgütern, einschließlich Technologie, die Kontrolle der Absatzmärkte, auch im Bezug auf mögliche Wettbewerber, oder auch die Ausübung von Wettbewerbsstrategien wie der Subventionierung von bestimmten Bereichen oder der Einführung von Dumpingpreisen für ein Produkt, um Wettbewerber aus dem Markt zu drängen. Liegen keine Internalisierungsvorteile vor, ist nach dem eklektischen Paradigma eine Lizenzvergabe an andere Unternehmen zu empfehlen.

Sind beide vorstehend genannten Bedingungen erfüllt, müssen **Standortvorteile** („locational advantages" oder „L advantages") die eigene Aktivität an einem Standort im Ausland als sinnvoll erscheinen lassen. Die Produktion im Ausland muss vorteilhafter sein als die Belieferung ausländischer Märkte über Exporte. Beispiele für Standortfaktoren, die über Vor- oder Nachteile für Unternehmen entscheiden sind Marktgröße- oder Marktwachstum, Transport- und Kommunikationskosten, staatliche Eingriffe in Unternehmensprozesse, tarifäre und nichttarifäre Handelshemmnisse, die Infrastruktur eines Standortes oder auch die politische Stabilität.

Die Kombination der Vorteilsarten bestimmt das Ausmaß des internationalen Engagements von Unternehmen. Je bedeutender die unternehmenseigenen Wettbewerbsvorteile von MNU, und je größer der Nutzen der Produktionsverlagerung erscheint, desto mehr Interesse besteht bezüglich Direktinvestitionen und dem Engagement im Ausland.

Aufgrund der in Abb. 2 dargestellten drei Bedingungen ist die Erklärung vieler Formen internationaler Produktion möglich. Um die Rolle einzelner Länder als Zielländer internationaler Investitionen zu klären, müssen Analysen über den Nutzen der in einem Land gegebenen Ressourcenausstattung, der politischen Situation, den Grad der Marktöffnung, die vorhandene Marktstruktur und andere Faktoren vorgenommen und mit den vorangehend erläuterten Vorteilsbereichen verknüpft werden.

Die Theorie des eklektischen Paradigma ist starker **Kritik** ausgesetzt. Insbesondere die fehlende Verknüpfung der einzelnen Faktoren, die aus verschiedenen Erklärungsebenen stammen, ist ein Streitpunkt in der Wissenschaft. Einige Wissenschaftler halten den Praxiswert der Theorie aufgrund der Nutzung einer Vielzahl von Variablen aus völlig unterschiedlichen Erklärungsebenen und der nicht ausreichenden Verbindung der Ansätze als gering (vgl. LÜNING 1992:109f.). Kojima führte 1982 an, dass der Prozess der Internalisierung ein rein mikroökonomischer Prozess sei, welcher sich nicht durch makroökonomische Theorien erklären lässt (vgl. DUNNING 2003:32f.). Auch ihr statischer, nicht dynamischer Charakter sowie die nicht vorhandene Berücksichtigung der Entstehung und Erosion von Wettbewerbsvorteilen an Standorten führe zu einer eingeschränkten Nutzbarkeit der Theorie in der Praxis (vgl. PEISERT 2005:172).

DUNNING (2003:29ff.) nimmt in seinem 2003 erschienenen Aufsatz „*The eclectic (OLI) paradigm in international production: Past, present and Future*" Bezug zu verschiedenen Kritikpunkten. So soll die Theorie keine vollständige Erklärung für alle möglichen Varianten internationaler Produktion liefern, sondern eine handhabbare Methodologie für bestimmte Typen wertschöpferischer Aktivitäten darstellen. Nach DUNNING (2003:32) besitzt jede Theorie, die versucht generelle Zusammenhänge zu klären, in bestimmten Bereichen Defizite. Auch die Trennung der OLI Variablen, deren Verflechtung Kritiker beanstanden, ist für ihn nach wie vor sinnvoll. Er argumentiert, das es die Verknüpfung der unternehmenseigenen Vorteile ausländischer wie inländischer Firmen mit den Standortvorteilen eines bestimmten Landes sei, welche zum Wachstum oder zur Degeneration wirtschaftlicher Prozesse über einen Zeitraum führen können.

Die Kritik an der Theorie hat dazu geführt, dass das eklektische Paradigma von DUNNING erweitert wurde. Eine wichtige Erweiterung bezieht sich auf die Erfassung von interdisziplinären Faktoren in seinem Ansatz. Unterschieden wird nach unternehmensinternen Faktoren und der unternehmensexternen Umwelt. Bei ersteren geht es hauptsächlich um die Verknüpfung „zwischen den Einflussgrößen aus der Organisation, der Finanzierung, dem Marketing und dem Management von Unternehmen, die für die Problematik der internationalen Produktion von Relevanz sind." (HUMMEL 1997:69). Diese unternehmensinternen Faktoren zählen nicht zu Länderrisiken eines Landes. Aus diesem Grund werden sie im weiteren Verlauf dieses Buches nicht näher behandelt. Die zweite Gruppe der unternehmensexternen Umwelt besitzt einen direkten Bezug zu dieser Studie. Hierunter sind politische, rechtliche, soziale, kulturelle und ideologische Einflüsse in einem Land zu verstehen, die teilweise schwer zu ermitteln sind. Beispiele sind die Qualität der Verwaltung in einem Land, die Rolle und Macht von Gesellschaftsgruppen und Institutionen oder der Schutz vor Verstaatlichung. Gerade diese Faktoren der unternehmensexternen Umwelt können Risikofaktoren für Unternehmen darstellen, die ihre Investitionsentscheidungen nachhaltig beeinflussen.

Zusammenfassend kann herausgestellt werden, dass ortsspezifische Vorteile beim eklektischen Paradigma eine wichtige Rolle für Investitionsentscheidungen von MNU spielen. Daraus lässt sich folgern, dass ein Land ohne Standortvorteile kaum in der Lage sein wird, ADI zu akquirieren. Der aggregierte Standortvorteil eines untersuchten Raumes setzt sich aus verschiedenen Determinanten zusammen, beispielsweise vorhandenen Ressourcen, den vorliegenden Faktorkosten oder dem Vorhandensein und der Ausbildung von hochqualifizierten Arbeitskräften (vgl. STOSBERG 2004:50). Jenen Determinanten liegen Variablen wie das Investitionsklima eines Landes, der Schutz geistigen Eigentums oder von Anlagewerten, die Korruptionsrate, oder auch das Vorhandensein eines Rechtsstaats sowie politische Stabilität zugrunde. Sind die politischen Risiken eines Standortes stark ausgeprägt, können sie gegenüber anderen Standortvorteilen wie geringen Steuern oder günstigen Arbeitskräften überwiegen und Investitionsentscheidungen negativ beeinflussen. Das eklektische Paradigma bietet somit einen theoretischen Hintergrund für die empirische Überprüfung verschiedener standortspezifischer Determinanten durch statistische Modelle.

2.2 Theoretische Grundlagen des Länderrisikos

2.2.1 Der Begriff des Länderrisikos

Länderrisiken beruhen auf instabilen Faktoren der Rahmenbedingungen des Investitionsklimas eines Landes. Sie können definiert werden als Verluste, die bei internationalen Transaktionen entstehen, welche auf Ereignissen in einem bestimmten Land beruhen, die zumindest teilweise staatlicher Kontrolle unterliegen, aber in jedem Fall nicht der Kontrolle privater Unternehmen oder Individuen unterliegen (vgl. MOOSA 2002:132). Jede internationale Transaktion, egal ob staatlich, gewerblich oder privat, kann Gegenstand von Länderrisiken sein. Angenommen die Zweigstelle eines Unternehmens meldet Insolvenz an und geht bankrott, so zählt die Ursache als Länderrisiko, wenn sie durch wirtschaftspolitisches Missmanagement der Regierung hervorgerufen wurde. Sind aber unternehmerische Fehlentscheidungen für den Bankrott verantwortlich, war es betriebswirtschaftliches Risiko. Länderrisiken besitzen einen wirtschaftlichen, soziokulturellen, politisch- rechtlichen oder physisch- geographischen Ursprung. Eine Gemeinsamkeit verschiedener Definitionen zum Begriff des Länderrisikos besteht darin, physisch- geographische Risikodeterminanten eines Standortes trotz wachsender Relevanz für die Geschäftstüchtigkeit von internationalen Unternehmungen nicht zu berücksichtigen (vgl. HAAS/NEUMAYR 2006:717). Lediglich bei periodischem Auftreten und unterlassenen Vorsorgemaßnahmen staatlicherseits finden sie intensivere Betrachtung in Analysen. Dabei sollten sie aufgrund einer weltweit beobachtbaren Zunahme von Naturkatastrophen zumindest in die Nähe von Länderrisiken gerückt werden. In dem vorliegenden Buch werden physisch- geographische Bestimmungsfaktoren kurz thematisiert. Den Schwerpunkt der Betrachtung bilden jedoch wirtschaftliche, soziokulturelle und/oder politische Faktoren.

Ein Begriff, welcher eng mit dem des Länderrisikos verbunden ist, in der Literatur aber oftmals abgegrenzt wird, ist der Begriff des politischen Risikos. Er erweitert den Begriff des Länderrisikos, welcher sich häufig auf den direkten Wertverlust von Aktiva bezieht (vgl. STOSBERG 2004:57). Für das politische Risiko existiert keine einheitliche Definition in der Literatur. Eine „enge" Fassung reduziert den Begriff auf Handlungen der Regierung, welche direkte negative Auswirkungen auf unternehmerische Prozesse und Erlöse besitzen. Bei einer „weiten" Begriffnutzung wird politisches Risiko mit politischem Wandel und/oder politischer Stabilität in einem Land gleichgesetzt. Die Risiken besitzen ihren Ursprung nicht zwangsläufig in Regierungshandlungen, noch müssen sie unbedingt direkte Auswirkungen auf den Ertrag einer Unternehmung besitzen. (vgl. BALLEIS 1984: 89f.). Das politische Risiko bezeichnet in diesem Fall also einen Prozess und lässt eine höhere Unabhängigkeit des Begriffs zu. So können politische Risiken für ausländische Investoren zum einen aufgrund opportunistischen und unternehmensfeindlichen Verhaltens der Regierung und ihrem Eingreifen in Unternehmenspolitik und –prozesse herrühren. Zum anderen können gesellschaftliche Faktoren wie soziale Unruhen, Streiks oder Revolutionen, aber auch Terrorismus für politische Risiken verantwortlich sein. Diese fußen nicht zwangsläufig direkt auf Handlungen einer Regierung. Doch können sie Unternehmensprozesse nachhaltig beeinflussen, das Investitionsklima eines Landes verschlechtern oder Investitionen verhindern.

Das politische Risiko ist für die vorliegende Untersuchung von großer Bedeutung, da in der empirischen Analyse institutionelle Rahmenbedingungen Lateinamerikas, wie die politische Stabilität, und ihre Auswirkungen auf Direktinvestitionen untersucht werden. Hierfür muss das politische Risiko die soziokulturelle Umwelt eines Staates und die sich daraus bildenden Gefahren für Unternehmen berücksichtigen. Aus diesem Grund wird eine „weite" Fassung des Begriffs verwendet. Das folgende Kapitel verdeutlicht, dass sich die beschriebene Trennung zwischen Länderrisiken und politischen Risiken in vielerlei Hinsicht überschneidet. Da Risiken für eine internationale Unternehmung aus wirtschaftlichen, wie auch aus soziokulturellen, politischen oder ökologischen Gründen resultieren können, sieht der Autor dieses Buches für die vorgenommene, anwendungsorientierte Betrachtung und Analyse ihrer Bestimmungsgründe keinen Grund, eine trennscharfe Unterteilung zwischen Länderrisiken und politischen Risiken zu ziehen.

2.2.2 Arten und Ausprägungen von Länderrisiken

Systematisiert man die Risiken der internationalen Unternehmenstätigkeit, so kann man eine Unterteilung in politische Risiken und wirtschaftliche Risiken vornehmen, wie in Abb. 3 dargestellt. Die wirtschaftlichen Risiken werden differenziert in *makroökonomische Risiken* und *mikroökonomische Risiken*. Die mikroökonomischen Risiken, wie Markteintrittsrisiko, Marktbearbeitungsrisiko, Vertragserfüllungsrisiko, wie das Transport- und Lagerrisiko, und auch das makroökonomische konjunkturelle Risiko werden im weiteren Verlauf dieser Untersuchung nicht weiter behandelt. Ihr Auftreten ist nicht auf internationale unternehmerische Tätigkeiten in Emerging Markets beschränkt. Sie zählen nicht zu den in dieser Studie thematisierten Länderrisiken und ihren Determinanten. Die mikroökonomischen Risiken treten, wenn gleich mit anderer Wahrscheinlichkeit, auch in Heimatmärkten auf (vgl. HAAS/NEUMAYR 2006:716).

Zu den charakteristischen Länderrisiken zählen die politischen Risiken, unterteilt in Enteignungsrisiken, Transferrisiken, Dispositionsrisiken, Substitutionsrisiken, Sicherheitsrisiken und fiskalische Risiken. Des Weiteren auch makroökonomische Währungsrisiken. Die genannten Risiken resultieren aus der Gefahr von unvorhergesehenen Änderungen politischer und institutioneller Strukturen, wechselnden Ideologien der politischen Führung, Änderungen im Rechtssystem eines Staates, soziokulturellen Konflikten innerhalb von Staaten und weiteren Aspekten, die in Kapitel 2.2.3 behandelt werden. In diesem Kapitel erfolgt ihre inhaltliche Abgrenzung voneinander.

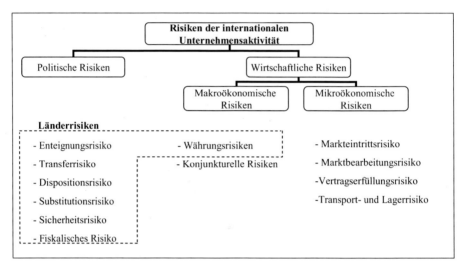

Quelle: eigene Darstellung nach HAAS/NEUMAYR 2006:717

Abb. 3: Risiken der internationalen Unternehmensaktivität

Enteignungsrisiken beschreiben den anteiligen oder vollständigen Zugriff der Regierung auf Vermögen und Rechte einer ausländischen Unternehmung. Enteignungsrisiken können verschiedene Ausprägungen annehmen, die unterschiedliche Bedeutungen für eine Unternehmung besitzen (vgl. MEYER 1987:28).

- Die *Enteignung i. e. S.* bezieht sich immer auf eine einzelne Unternehmung. Im öffentlichen Interesse besitzt jeder souveräne Staat das Recht zu enteignen, wenn er eine angemessene Entschädigung zahlt.

- Eine *Nationalisierung* oder auch Verstaatlichung richtet sich gegen einen ganzen Wirtschaftszweig oder Gruppen von Unternehmen. Die Nationalisierung ist oftmals im Rechtssystem eines Staates verankert und an Entschädigungszahlungen geknüpft.

- Durch eine *Konfiszierung* wird die gesamte Wirtschaft eines Landes erfasst. Sie tritt meist nur nach Revolutionen oder politischen Umstürzen auf und ist nicht an Entschädigungszahlungen gebunden.

BALLEIS (1984:131f.) kommt zu dem Schluss, dass zur Beurteilung des politischen Risikos für Unternehmen der Rate der Nationalisierungen, bzw. Enteignungen in einem Land eine wichtige Rolle zukommt. So wirken sich vorgefallene Enteignungen auch Jahre nach ihrem Eintreten auf Beurteilungen bezüglich Investitionschancen an einem Standort aus. Er belegt anhand verschiedener veröffentlichter Studien, dass ein Anstieg der Nationalisierungspraxis an Standorten direkte Auswirkungen auf die Höhe zufließender ausländischer Direktinvestitionen besitzt, und somit ein wichtiges Indiz für einen engen Zusammenhang zwischen politischen Risiken und Direktinvestitionen ist. Hierfür führt er Studien von JUHL 1976, JODICE 1980, und AGARWAL 1976 an. HAJZLER belegt in seiner Ende 2008 erschienenen empirischen Untersuchung mit Bezug zu Arbeiten anderer Autoren eine größere Tendenz zur Enteignung ressourcenbasierter Industrien wie Bergbau und Erdöl- bzw. Erdgasförderung im Vergleich zu anderen Industrien. Aber auch das Bankenwesen weist in der historischen Betrachtung eine Anfälligkeit auf. Interessant ist, dass trotz momentan teilweise mehrfach stattfindender Enteignungen in Ländern wie Bolivien, Ecuador oder Venezuela die Investoren nicht vor weiteren Investitionen in ressourcenbasierten Industrien zurückschrecken (vgl. HAJZLER 2008:2ff.). In Kapitel 3.5.2 wird HAJZLERS Ansatz nochmals aufgegriffen.

Transferrisiken beruhen auf Entscheidungen von Regierungen, die den freien Verkehr von Kapital, Zahlungen, Produkten, Technologie oder Arbeitskräften in einem Investitionsland einschränken oder behindern. Zu verstehen sind hierunter Devisenkontrollen und Zahlungsunfähigkeitsrisiken als auch Importrestriktionen, welche tarifäre und nicht-tarifäre Handelshemmnisse beinhalten (vgl. BALLEIS 1984:137.). Protektionistische Maßnahmen sind jedoch nicht einseitig auf Staaten der Emerging Markets beschränkt, sondern werden auch von Industrieländern genutzt.

- *Devisenkontrollen* beziehen sich auf Vorschriften bezüglich eines Retransfers von erwirtschaftetem Kapital oder Gewinnen in die Heimatländer der Unternehmen und versuchen, diesen möglichst zu unterbinden.

- *Zahlungsverbotsrisiken* besitzen verschiedene Ausprägungen (vgl. MEYER 1987:22f.). Bei *totaler Zahlungsunfähigkeit* sieht sich das Schuldnerland nicht im Stande weiteren

Forderungen nach Schuldentilgungen nachzukommen. Bei *partieller Zahlungsunfähigkeit* wird von Schuldnerseite weniger gezahlt als im Vorfeld vereinbart. Bei *temporärer Zahlungsunfähigkeit*, auch Moratiumrisiko genannt, werden Gläubiger über eine Warteliste bedient. Es wird seitens der Regierung nur eine prozentuale Rückzahlung gestattet, oder eine mögliche Schuldentilgung wird über einen längeren Zeitraum hinausgezögert (vgl. HAAS/NEUMAYR 2006:720).

- *Handelhemmnisse tarifärer Art* finden durch die Erhebung von Zöllen, Mindestpreisen für Waren oder Verbrauchssteuern statt. Unter *nicht-tarifären Handelshemmnissen* sind z. B. Importquoten oder freiwillige Exportbeschränkungen der Unternehmen zu verstehen (vgl. KRUGMAN/OBSTFELD 2008:182ff.). Weitere Formen nicht- tarifärer Handelshemmnisse entstehen einerseits durch festgelegte Normen und Standards, z.B. DIN- Normen, Importlizenzen, Kennzeichnungsvorschriften, andererseits durch Konsumentenbeeinflussung zum Kauf von einheimischen Produkten, Ausschreibungsmodalitäten und Präferenzen bei der staatlichen Auftragsvergabe, bestimmten Sozial- und Umweltstandards oder der Diskriminierung ausländischer Unternehmen. Aufgrund der vorhandenen Vielzahl an Varianten protektionistischer Maßnahmen entsteht für eine exportorientierte Unternehmung ein schwer zu durchschauendes Geflecht an möglichen Risiken. Handelshemmnisse werden von Regierungen nicht nur zum Schutz der eigenen Wirtschaft eingesetzt, sondern auch in Form von Boykott- und Embargomaßnahmen gegenüber politischen Gegnern. Als Beispiel hierfür seien die Embargomaßnahmen der USA gegen Kuba angeführt. Der Umfang und Zeitpunkt der Errichtung von Handelsbarrieren einer Regierung liegt in ihrem jeweiligen Ermessen und ist schwer vorhersagbar.

Dispositionsrisiken sind jene Risiken, die die laufende Geschäftstüchtigkeit eines international tätigen Unternehmens im Gastland aufgrund von politisch motivierten Maßnahmen der Regierung, wie auch durch soziale und politische Unruhen, einschränken. Die Einflussmaßnahmen finden meist im administrativen Bereich statt und können sich auf alle Funktionsbereiche einer Unternehmung wie Marketing, Produktion, Beschaffung, Personal und Finanzierung beziehen (vgl. MEYER 1987:26f.). Dispositionsrisiken nehmen verschiedene Formen an und reichen von:

- staatlich fixierten Preisen und Produktionsbeschränkungen
- über Schäden am Anlage- und Umlaufvermögen einer Produktion durch gewaltsame innenpolitische Unruhen

- oder dem Zwang der Nutzung arbeitsintensiver Technologien

- bis hin zu fiskalischen Maßnahmen in Form von Abgaben, der Streichung öffentlicher Zuwendungen und steuerlichen Maßnahmen, die bis zu einer schleichenden Enteignung der Unternehmung führen können.

Eine überwiegend in Entwicklungs- und Schwellenländern beobachtbare Ausprägung der Dispositionsrisiken sind *Substitutionsrisiken*. Hierunter sind Maßnahmen der Wirtschaftspolitik zu verstehen, die ausländische Unternehmen nach einer erfolgreich verlaufenen Exportphase zur Errichtung lokaler Produktionen im Gastland bewegen sollen. Hierunter fallen beispielsweise *Local-Content-Klauseln*, welche festlegen, dass ein bestimmter Anteil der für die Produktion eines Gutes benötigten Teileelemente oder Arbeitskräfte inländischer Herkunft sein muss. Ein weiteres Beispiel sind vorgeschriebene Joint- Ventures von Unternehmen mit Mehrheitsbeteiligung des Gastlandunternehmens (vgl. HAAS/NEUMAYR 2006:721).

Sicherheitsrisiken sind alle eventuellen Gefährdungen, die auf das Leben, die Gesundheit oder die Freiheit der Belegschaft eines Unternehmens sowie deren Angehörigen abzielen. Auch umfassen sie die physische Zerstörung von Vermögenswerten wie in Anlagen gebundenes Kapital (vgl. HAAS/NEUMAYR 2006:721). Beispiele für Sicherheitsrisiken sind Entführungen und Ermordungen von im Ausland arbeitenden Angestellten eines Unternehmens, welche empfindliche Auswirkungen auf Investitionen besitzen. Des Weiteren internationaler Terrorismus, aber auch Krankheiten und Seuchen, welche einzelne Länder genauso wie ganze Erdregionen heimsuchen können. Sie können, je nach Schwere ihres Auftretens, die komplette Wirtschaft wie auch sämtliche Bereiche des öffentlichen Lebens eines Landes oder einer Region lahm legen. Ein sehr aktuelles Beispiel ist die im April 2009 aufgetretene, auf den Menschen übertragbare Schweinegrippe in Mexiko. In der 20 Millionen Metropole Mexiko Stadt sorgte sie für einen Zusammenbruch des öffentlichen Lebens. Kinos, Fußballstadien und andere Einrichtungen wurden geschlossen. Die Regierung Mexikos denkt über die einstweilige Schließung der Unternehmen in der Stadt nach, was einen wirtschaftlichen Totalausfall mit sich bringen würde. Die weiteren Entwicklungen und Folgen für andere Länder sind zum Zeitpunkt des Schreibens dieses Buches noch nicht absehbar.

Fiskalische Risiken sind alle Risiken, deren Ursache in der Geld- und Fiskalpolitik des Gastlandes liegt. Es können finanzwirksame öffentliche Zuwendungen reduziert werden, Abgaben an die öffentliche Hand erhöht werden oder die Inflationsrate eines Landes steigen (vgl. BALLEIS 1984:136). Ein großes Problem für ausländische Investoren besteht z. B., wenn seitens der Regierung des Gastlandes eine diskriminierende Steuerpolitik gegenüber inländischen Unternehmen erfolgt. Dabei stellt nicht nur die absolute Höhe der Besteuerung ein Risiko für ausländische Unternehmen dar, sondern auch willkürliche Änderungen seitens der Behörden. Sie wirken sich negativ auf geplante Kalkulationen aus und können bis zur Inrentabilität und somit der Aufgabe von Unternehmungen führen.

Makroökonomische Währungsrisiken fallen bei Unternehmungen in verschiedenen Währungsräumen an. Sie treten ein, wenn bei offenen Positionen in fremder Währung die tatsächliche von der erwarteten Austauschrelation zwischen den Währungen abweicht (vgl. HAAS/NEUMAYR 2006:725). Nach BREUER/GÜRTLER/SCHUHMACHER (2003:454ff.) lassen sich Währungsrisiken unterscheiden in Transaktionsrisiken, Translationsrisiken, ökonomische Risiken und das währungspolitische Transferrisiko.

- Das *Transaktionsrisiko* ist gegenwartsbezogen und betrifft die Gefahr, dass sich der Wechselkurs vom Zeitpunkt der Forderung bis zur Fälligkeit für das Unternehmen ungünstig entwickelt und somit negative Effekte aufweist.
- Das *Translationsrisiko* besitzt einen eher vergangenheitsbezogenen Aspekt. Es entsteht, wenn bei Jahresabschlüssen von international agierenden Konzernen Positionen von fremder in inländische Währung umgerechnet werden.
- Das *ökonomische Risiko* ist zukunftsgerichtet und beschreibt Risiken, die zwischen heutigen Geschäftsabschlüssen und jenen in der Zukunft liegen.
- *Währungspolitische Transferrisiken* liegen vor, wenn der Schuldnerstaat den Währungsabfluss blockiert, und der Schuldner somit seine Schulden nicht tilgen kann.

2.2.3 Typologisierung politischer Risiken

Das Hauptaugenmerk der vorliegenden Untersuchung liegt auf den Bestimmungsfaktoren der politischen Länderrisiken. Aus diesem Grund ist es wichtig und nötig, eine Typologisierung der im vorigen Kapitel besprochenen Ausprägungen der Risiken vorzunehmen. Die in Abb. 4 vorgenommene Klassifizierung basiert auf der Arbeit von SIMON (1982:67). Ihr zentraler Aspekt ist die Darstellung der verschiedenen Ebenen, auf denen politische Risiken entstehen und wirken können. Diese werden mit Beispielen unterlegt.

Die Unterteilung politischer Risiken wird nach drei Hauptcharakteristiken vorgenommen:

- die Ursache politischer Risiken in einem Land kann endogen oder exogen bedingt sein. So sind innere Unruhen oder Korruption endogen begründete Risiken, Embargos oder grenzüberschreitende Kriege sind zu den exogenen Enststehungsgründen zu zählen.
- Politische Risiken können einerseits durch Handlungen der Regierung eines Landes entstehen, wie im Fall von Enteignungen. Andererseits kann die Ursache gesellschaftlichen Ursprungs sein, wie bei Streiks und anderen zivilen Unruhen.

	Makro- Risiken		Mikro- Risiken	
	Ursprung in der Gesellschaft	**Ursprung in Regierungshandlungen**	**Ursprung in der Gesellschaft**	**Ursprung in Regierungshandlungen**
Endogen	• Revolution • Bürgerkrieg • Putsch/Staatsstreich • Gewalt • Interessenkonflikte • Zivile Unruhen • Verbreitete Unruhen • Landesweite Streiks • Meinungsänderungen der Öffentlichkeit	• Nationalisierung • Enteignung • Schleichende Enteignung • Wechsel politischer Prioritäten • Parteienwechsel • Regierungswechsel • Ministerwechsel • Korruption • Hohe Inflation • Währungskontrollen • Arbeitsmarktpolitik	• Selektiver Terrorismus • Gefährdungen der Belegschaft • Selektive Streiks • Selektive Proteste • Boykott bestimmter Unternehmen	• Selektive Enteignung • Diskriminierende Besteuerung • Regulierungsänderungen • Operationelle Restriktionen • Local- Content-Klauseln • Vertragsbruch • Preiskontrollen • Schutz geistigen Eigentums
Exogen	• Grenzüberschreitende Guerilla • Internationaler Terrorismus • Öffentliche Weltanschauung • Zurückziehung von Anlagekapital	• Kriege • Grenzkonflikte • Allianzwechsel • Embargos • Internationaler Boykott • Protektionismus • Untragbare Auslandsschuld • Internationale Wirtschaftliche Instabilität	• Internationale Aktivisten • Selektiver internationaler Terrorismus • Internationaler Boykott von Unternehmen	• Diplomatische Probleme zwischen Gast- und Heimatland • Bilaterale Handelsabkommen • Selektive Im-/ Exportrestriktionen • Beeinflussung durch ausländische Regierungen

Quelle: eigene Darstellung nach STOSBERG 2004:59, verändert

Abb. 4: Typologie politischer Risiken

- politische Risiken können sich als Makro- Risiken auf alle Unternehmen im Gastland auswirken, oder als Mikro- Risiken nur bestimmte Unternehmen oder Wirtschaftszweige betreffen.

Die in Abb. 4 dargestellten Ebenen lassen sich nur im theoretischen Kontext klar von einander abgrenzen. In der Realität zeichnen sich alle dargestellten Ausprägungen durch eine hohe Interdependenz aus.

2.2.4 Bestimmungsfaktoren von Länderrisiken

Zur Beurteilung und Analyse von Länderrisiken ist es wichtig, neben ihren Arten und Ausprägungen auch die Einflussfaktoren zu kennen, welche die Risiken verursachen. Diese sind in der Umwelt eines Unternehmens angesiedelt. Determinanten können die Bevölkerungsstruktur eines Landes, seine natürliche Umwelt, technische Kenntnisse, wirtschaftspolitische Maßnahmen und vieles mehr umfassen. Im Folgenden findet eine Beschreibung der Bestimmungsfaktoren des Länderrisikos, untergliedert in wirtschaftliche, soziokulturelle, politische und ökologische Determinanten statt. Die Faktoren in den einzelnen Klassen zeichnen sich durch ihre Interdependenz aus. Bei Risikoanalysen muss das Zusammenspiel einzelner Determinanten untersucht werden, um einen risikopolitischen Aussagewert zu erzielen.

2.2.4.1 Wirtschaftliche Determinanten

Die wirtschaftlichen Determinanten des Länderrisikos beruhen vor allem in der gesamtwirtschaftlichen Situation eines Landes, seiner Wirtschaftspolitik und somit seiner internationalen Wettbewerbsfähigkeit. Bei der folgenden Betrachtung wird nach Ursachen der Zahlungsunfähigkeit, Ursachen für Handelshemmnisse und Ursachen für Wechselkursrisiken unterschieden.

Ursachen der Zahlungsunfähigkeit beruhen auf einem unausgewogenen Verhältnis zwischen den Einnahmen eines Staates und seinen Ausgaben, dessen Folge auftretende Zahlungsschwierigkeiten sind. Die Einnahmen und Ausgaben eines Staates setzen sich zusammen aus dem Leistungsbilanzsaldo, also der Differenz aus Exporteinnahmen und Importausgaben, der Neuverschuldung, bestehenden Devisenreserven sowie den Zins- und Tilgungszahlungen auf bestehende Auslandsschulden (vgl. MEYER 1987:32). Die Basis für die Zahlungsunfähigkeit eines Staates

24

sind längerfristige Leistungsbilanzdefizite. Kurzfristig ist es möglich, diese Defizite über Devisenreserven – falls vorhanden - zu finanzieren, aber mittel- und langfristig ist eine Kreditaufnahme im Ausland unumgänglich. Die Zins- und Tilgungszahlungen jener Kredite wirken belastend auf zukünftige Deviseneinnahmen. Gelingt es nicht, die Defizite abzubauen, setzt sich dieser Kreislauf bis zu dem Punkt fort, an dem die Deviseneinnahmen nicht mehr ausreichen, um einen vollständigen Schuldendienst zu gewährleisten. Die Folge ist Zahlungsunfähigkeit. Die Einflussfaktoren von Zahlungsunfähigkeiten besitzen nach KLOSE (1996:39ff.), KOCHALUMOTTIL (2002:5ff.), KRAYENBUEHL (1988:41ff.) und MEYER (1987:33ff.) binnenwirtschaftliche

Wirtschaftliche Risikokomponente		
	Risikodeterminanten	Indikatoren
Binnenwirtschaft	• Entwicklungsstand der Volkswirtschaft	• BSP, BSP/E, BIP, BIP/E
	• Wirtschaftsstruktur	• Anteil des primären/ sekundären/ tertiären Sektors am BSP oder BIP
	• Reales Wirtschaftswachstum	• Wachstumsraten
	• Finanz- und Geldpolitik	• Inflationsraten, Geldmengenwachstum
	• Beschäftigungslage	• Arbeitslosenquoten, Erwerbstätigenquoten
	• Kapitalbildung	• Sparquote, Investitionsquote
	• Ressourcenausstattung	• Explorierbare Vorkommen
	• Öffentliche Finanzen	• Einnahmen-/ Ausgabenstruktur, Staatsverschuldung
Außenwirtschaft	• Auslandsverschuldung / Schuldenbedienung	• Absolute Verschuldungshöhe, Schuldenstruktur, Auslandsverschuldung zu BSP, Debt-Service-Ratio
	• Internationale Liquidität	• Währungsreserven, IWF- Reserveoptionen, Offene Kreditlinien, Rohstoffreserven als Einnahmepotenzial
	• Handels- und Leistungsbilanz	• Import- und Exportstruktur und deren Abhängigkeiten, Importdeckung

Quelle: eigene Darstellung nach KLOSE 1996:41, verändert

Abb. 5: Ursachen der Zahlungsunfähigkeit

oder außenwirtschaftliche Gründe, deren wichtigste nachfolgend skizziert werden. Abbildung 5 liefert einen Überblick über die Determinanten und deren zugehörige Indikatoren.

Eine wichtige Determinante *binnenwirtschaftlicher Einflussfaktoren* ist der *Entwicklungsstand einer Volkswirtschaft*, gekennzeichnet durch Indikatoren wie dem BSP oder BSP pro Kopf, als auch dem BIP oder BIP pro Kopf. Bei einer positiven Wachstumsrate können diese Kennziffern einen Indikator für abnehmendes Länderrisiko darstellen. Bei einem Anstieg dieser Kennziffern ist es jedoch wichtig zu hinterfragen, ob ein steigendes BIP über eine Verschuldung im Ausland finanziert sein könnte. Des Weiteren gibt ein wachsendes BIP keine Auskunft über die tatsächliche Einkommensverteilung innerhalb eines Landes. In Lateinamerika ist dieser Faktor von besonderer Bedeutung, da hier ein Großteil des Einkommens nur einem sehr kleinen Teil der Gesellschaft zukommt (vgl. UNDP 2008:281ff.). Hierbei muss jedoch hinterfragt werden, ob der Anstieg nicht aufgrund einer Verschuldung im Ausland finanziert worden ist.

Eine weitere binnenwirtschaftliche Determinante ist die *Kapitalbildung* eines Staates, gemessen an der Spar- und Investitionsquote. Die Investitionsquote errechnet sich aus der Relation der Investitionen zum BSP. Die Sparquote ist in Ländern der Emerging Markets oftmals sehr gering und liegt unterhalb der Investitionsquote, so dass nicht genügend Geld zur Finanzierung von Investitionen innerhalb eines Staates zur Verfügung steht und ausländisches Kapital benötigt wird. Eine hohe Investitions- und Sparquote deutet auf ein hohes Wirtschaftswachstum hin. Geringe Quoten hingegen auf stagnierende oder negative Entwicklungen. Somit stellen die Spar- und Investitionsquote bei Untersuchungen wichtige wirtschaftliche Risikoindikatoren dar.

Auch die *Ressourcenausstattung* eines Landes, gemessen am Vorkommen explorierbarer Rohstoffe, zählt zu den binnenwirtschaftlichen Risikodeterminanten. Die internationale Kreditwürdigkeit von Staaten ist stark abhängig von hochgerechneten Rohstoffreserven und dem Vorhandensein von Rohstoffen generell. Zusätzlich spielt jedoch die Wirtschaftlichkeit wie auch die technische Möglichkeit des Abbaus eine große Rolle. Die Realisierung eines möglichen Abbaus ist stark an internationale Rohstoffpreise gekoppelt und von ihnen abhängig. Die Kreditwürdigkeit eines Landes unterliegt hierdurch starken Schwankungen.

Die *Finanz- und Geldpolitik* eines Staates stellt eine weitere Determinante dar, die über die Inflationsrate gemessen werden kann. Eine hohe Inflationsrate besitzt einen eindeutigen, durch Signifikanteste überprüften Zusammenhang zu einer höheren Wahrscheinlichkeit der Zahlungsunfähigkeit (vgl. STOCKNER 1984:73). Für eine vergleichende Bewertung des Risikos kann sie aufgrund unterschiedlicher Erhebungsmethoden innerhalb verschiedener Länder problematisch sein.

Die Bemessung der Schuldendienstfähigkeit eines Landes wird über erwartete zukünftige Inflationsraten berechnet. Der letzte der hier dargestellten binnenwirtschaftlichen Einflussfaktoren ist die *wirtschaftspolitische Situation* eines Landes, gemessen an Indikatoren wie dem Ausmaß der Staatsverschuldung, der Arbeitslosenquote oder der Struktur der öffentlichen Ausgaben. Grundsätzlich deuten höhere Werte dieser Indikatoren auf höheres Länderrisiko hin.

Eine Determinante der *außenwirtschaftlichen Einflussfaktoren von Zahlungsunfähigkeit* ist die *Handels- und Leistungsbilanz* von Staaten. Sie wird durch die Indikatoren der Import- und Exportstruktur sowie deren Abhängigkeiten, und der Importdeckung gekennzeichnet. Ihre Analyse lässt erste Schlüsse über Risikobeurteilungen eines Landes zu. Ein positiver Saldo beispielsweise weist auf ein tendenziell geringeres wirtschaftliches Risiko hin. Für Ländervergleiche werden Verhältniszahlen wie dem Leistungsbilanzsaldo zu BSP gebildet, welche jedoch nur grobe Analysen erlauben. Um das wirtschaftliche Risiko eines Landes genauer einzustufen, muss die Im- und Exportstruktur weitergehend untersucht werden.

Die *Auslandsverschuldung* und die *Schuldenbedienung* sind außenwirtschaftliche Risikodeterminanten, welche über Indikatoren der absoluten Verschuldungshöhe, der Schuldenstruktur, der Auslandsverschuldung zu BSP wie verschiedenen Verschuldungsverhältniszahlen gemessen werden können. Einer der am häufigsten verwendeten Indikatoren ist die *Debt Service Ratio* (DSR). Sie gibt das Verhältnis der Zins und Tilgungsleistungen eines Landes im Verhältnis zu den Exporteinnahmen aus Gütern und Dienstleistungen innerhalb eines oder mehrerer Jahre an. Ein Anstieg der DSR deutet auf Zahlungsbilanzkrisen hin. Ein Kritikpunkt der DSR ist die zwei Jahre alte Datenbasis, die nicht auf aktuelle Schulden reagiert. Weiterhin kann kein Länderübergreifender Schwellenwert festgelegt werden, über dem die DSR als besorgniserregend gelten könnte. So ist ein vergleichender Schluss allein Anhand dieses Indikators nicht möglich. Ein weiterer häufig verwendeter Indikator ist der Anteil von kurzfristig zu zahlenden Auslandsschulden an den gesamten Auslandsschulden (Short *Term Debt/Total External Debt*) (vgl. STOSBERG 2004:281). Über den Indikator lässt sich feststellen, wie viel der Schulden eines Landes innerhalb eines Jahres zurückgezahlt werden müssen.

Die *internationale Liquidität* von Ländern setzt sich aus den Devisenreserven eines Landes und offenen Kreditlinien bei ausländischen Banken zusammen. Sie kennzeichnet die Fähigkeit von Staaten, jederzeit fristgerecht seinen Zahlungsverpflichtungen nachkommen zu können. Wie weiter oben im Text angesprochen, können Devisenreserven kurzfristige Zahlungsschwierigkeiten überbrücken, jedoch keine langfristigen Defizite der Leistungsbilanz ausgleichen.

Ursachen von Handelshemmnissen lassen sich oftmals auf ländereigene Probleme der Unterbeschäftigung oder auf Devisenprobleme zurückführen (vgl. MEYER 1987:41). Weiterhin finden sie zum Schutz neuer Industrien statt (vgl. KRAYENBUEHL 1988:49). Als Folge der *Unterbeschäftigung* durch stagnierende Wirtschaft in vielen Ländern Lateinamerikas wurde bis in die 80er Jahre hinein versucht, die eigene Wirtschaft und ihre Exporte zu fördern. Es wurden massive Importrestriktionen für ausländische Produkte eingeführt. Hierdurch sollte die heimische Produktion gestärkt sowie Beschäftigungsprobleme auf andere Märkte abgewälzt werden. Diese importsubstituierende Industrialisierung (ISI) führte zu einer Entwicklung, die zwar kurzzeitig zu hohen Wachstumsraten vieler lateinamerikanischer Länder führte, längerfristig aber zu immer weiteren Einschränkungen im internationalen Zahlungsverkehr. Letztendlich brachen viele Volkswirtschaften Lateinamerikas zusammen. Seit dem gilt die ISI als gescheitert und die Länder Lateinamerikas setzen auf moderatere Formen von Handelshemmnissen und Integration statt auf Abgrenzung vom Weltmarkt (vgl. MEYER-STAMER 1996:19ff.; TRISTRAM 2007:8ff.). Besitzen Länder *Devisenprobleme,* besteht eine Möglichkeit der Bekämpfung dieser Probleme in der Reduzierung ihrer Importausgaben. So sollen vorhandene Devisenlücken geschlossen werden. Als Mittel hierfür werden z. B. die Wareneinfuhr erschwert, Lizenzgeschäfte mit ausländischen Unternehmen eingeschränkt, oder Kapitalerträge aus Geschäften, d.h. Zinsen, Dividenden und Gewinne, zurückgehalten. Zur Messung von Handelshemmnissen werden z. B. Indikatoren herangezogen, die Zölle, Steuern oder Ein- und Ausfuhrreglementierungen messen.

Ursachen für Wechselkursrisiken bzw. *Schwankungen des Wechselkurses* unterliegen einer breit gefächerten Anzahl an Ursachen, deren ausführliche Bearbeitung nicht Ziel dieses Buches ist. Es ist nicht so, dass eine Ursache allein für die Schwankung des Wechselkurses eines Landes verantwortlich ist. Vielmehr ist es ein Zusammenwirken verschiedener Faktoren (vgl. HERRMANN 1984:17):

- der Anstieg des *Preis- und Kostengefälles* im Inland kann zu einem Ansteigen der Wechselkurse gegenüber dem Ausland führen.
- sich verändernde *Zinsdifferenzen* und somit ein Anstieg der inländischen Zinsen kann eine kurzfristige Wechselkurssteigerung bewirken.

- die *Leistungsbilanzentwicklung* wirkt sich auf den Wechselkurs aus. So kann ein Leistungsbilanzdefizit mit sinkenden Wechselkursen einhergehen.

- der inländische Wechselkurs kann abgewertet werden, wenn ausländische Wertpapiere verstärkt nachgefragt werden und es zu *Vermögensumschichtungen* kommt.

Neben diesen, für kurzfristige Schwankungen des Wechselkurses verantwortlichen Determinanten können längerfristig andere Ursachen verantwortlich sein. Beispielsweise ein im internationalen Vergleich abweichendes *Produktivitätswachstum* der inländischen Wirtschaft oder die *Erschließung neuer Rohstoffvorkommen*, welche zu Angebotserhöhungen und Preisverfall führen. Auch dauerhafte, durch exogene Prozesse verursachte Veränderungen der *Terms of Trade*, dem Austauschverhältnis zwischen den exportierten und importierten Gütern eines Landes, können den Wechselkurs eines Landes nachhaltig verändern (vgl. HERRMANN 1984:22ff.).

2.2.4.2 Ökologische Determinanten

Die ökologischen Risikofaktoren eines Landes beziehen sich auf deren Topographie, ihr Klima und die vorhandenen Rohstoffvorkommen. Zur topographischen Faktoren zählen z. B. Flächengröße, Ebenen, Gebirge, natürliche Wasserstraßen und der Zugang zum Meer. Das Klima beinhaltet Niederschläge, durchschnittliche Temperaturen und ihre Extreme, Winde, das Vorhandensein verschiedener Klimazonen, etc. Zu den natürlich- geographischen Risiken zählen Dürren, Regen, Überschwemmungen, Orkane und Wirbelstürme, Hitze, Kälte, Erdbeben oder Vulkanausbrüche (vgl. HUMMEL 1997:152f.). Sie werden dann relevant, wenn ihr Auftreten positive oder negative Effekte für betriebliche Prozesse besitzt. Besonders betroffen von negativen Effekten sind die Teile der Wertschöpfungskette, welche auf Infrastrukturelemente angewiesen sind, z.B. die interne und externe Logistik.

Das Ressourcenangebot eines Standortes nimmt je nach Produktionsaufgabe eines Unternehmens einen höheren oder niedrigeren Stellenwert in seinen Investitionsplänen ein. Für Unternehmen, die einen großen Bedarf an Rohstoffen besitzen, ist es ein entscheidender Faktor bei der Standortsuche. So können Rohstoffe im Ursprungsland günstiger bezogen werden, Transportkosten herabgesetzt oder Lieferzeiten verkürzt werden. In Ländern mit hohen Energiepotenzialen sinken zudem die Bezugskosten für Energielieferungen. Wird das Rohstoffvorkommen eines Landes falsch eingeschätzt, kann dies erhebliche finanzielle Risiken für Investoren mit sich bringen.

2.2.4.3 Soziokulturelle Determinanten

Die sozioökonomischen Determinanten des Länderrisikos beziehen sich auf Faktoren, die aus der spezifischen Gesellschaftsstruktur eines Landes, der Rolle und dem Einfluss bestimmter sozialer Institutionen und Gruppen, der vorherrschenden Nähe oder Distanz gegenüber Einflussgrößen religiöser, nationaler oder historischer Natur, sowie der Haltung des Staates und der Öffentlichkeit gegenüber Ausländern direkt, oder ausländischen Direktinvestitionen, Produkten und Konzernen, erwachsen (vgl. BALLEIS 1984:62f.; FRÖHLICH 1974:66).

Soziokulturelle Determinanten lassen sich in drei Untergruppen teilen. Die erste Gruppe umfasst Indikatoren, die sich mit der *Rolle, dem Einfluss, Verhaltensmustern und Bindungen sozialer Institutionen* beschäftigen. Sie beschreiben eine evtl. vorhandene soziale Instabilität eines Landes anhand seiner soziokulturell vorherrschenden Struktur. Zu den strukturellen Elementen, die analysiert werden, fallen beispielsweise Kasten, Glaubensgemeinschaften, Unternehmer oder Arbeiter. Die Indikatoren geben Aufschluss über bestehende Hierarchie- oder Einkommensunterschiede in der Gesellschaft und etwaige soziale oder gesellschaftliche Konflikte zwischen den Gruppen oder gegenüber dem Staat. Auch geschlechterspezifischen Faktoren wie die Rolle und der Stand der Frauen in einem Land fließen hier mit hinein. Der öffentliche Umgang mit etwaigen Missständen kann unterschiedlichste Formen und Ausprägungen annehmen. Das Maß reicht dabei von gewaltlosen Demonstrationen bis zu Bürgerkriegen oder Revolutionen. Auch Terrorismus, permanente Streiks, Sabotagen oder Plünderungen können mögliche Folgen sein (vgl. BALLEIS 1984:98). Für eine Unternehmung können durch die Folgen sozialer und kultureller Differenzen in einer Gesellschaft die unterschiedlichsten Dispositionsrisiken entstehen. So werden Tagesgeschäfte durch Betriebsstörungen, Beschaffungs- oder Distributionsprobleme behindert, Eigentum von Unternehmen zerstört oder die Gesundheit von Mitarbeitern verletzt. Oftmals verschlechtert sich, zumindest zeitweise, das gesamte Geschäftsklima eines Landes (vgl. MEYER 1987:44f.).

Die zweite Gruppe beschreibt die *kulturellen Wertvorstellungen, die in einem Land vorherrschen, und die daraus ableitbaren Handlungsweisen.* So gibt es Länder, deren Werte und Normen weit entfernt von europäischen Denkmustern und Strukturen liegen. Man nehme beispielsweise Länder des Nahen Ostens, deren religiöse Struktur und damit verbundene Weltanschauungen zum Teil große Differenzen zu europäischen Strukturen aufweist, z. B. bei Arbeitsniederlegungen zu den Gebetsstunden in einigen Ländern des Nahen Ostens. Oder Länder Lateinamerikas, in denen ein großer Teil der Bevölkerung über ein gefühlt anderes Zeitverständnis als z.B. Europäer verfügen. Dies kann sich auf Pünktlichkeit, Zuverlässigkeit, Arbeitsproduktivität oder Verantwortungsbereitschaft von Arbeitnehmern auswirken. Solch eine aus unternehmerischer Sicht betrachtete negative Einstellung der Mitarbeiter zur Arbeit kann ggf. die Personalkosten einer Unternehmung bis zur Inrentabilität erhöhen. Die kulturelle Nähe oder Fremdheit des Gastlandes stellt keine absolute Größe dar, sondern wird immer im Bezug zum Kulturkreis des Investors betrachtet und bewertet.

Die dritte Gruppe sozioökonomischer Determinanten beschreibt *fremdenfeindliche Einstellungen einer Bevölkerung.* Je weiter die kulturellen Differenzen zwischen dem Gastland und dem Heimatland des Investors auseinander liegen, desto problematischer wird die Überbrückung dieser Distanzen. Misstrauen und Vorurteile gegenüber dem ausländischen Unternehmen direkt, seinen Mitarbeitern oder seinen Produkten können die Folge sein. Es entstehen soziokulturell bedingte Eintrittsbarrieren, deren heftigste Auswirkungen eine Standortinvestition unkalkulierbar machen können. Sie können zur Unrentabilität von beabsichtigten Investitionsvorhaben führen und somit Direktinvestitionen verhindern (vgl. HUMMEL 1997: 150f.). Auch das Enteignungsrisiko ausländischer Unternehmen erhöht sich bei fremdenfeindlichen Einstellungen einer Gesellschaft substanziell.

2.2.4.4 Politische Determinanten

Die politischen Bestimmungsfaktoren des Länderrisikos sind in erster Linie unter dem Aspekt von Ordnung und Stabilität der in einem Land vorliegenden politischen Verhältnisse sowie der Funktionsfähigkeit der Verwaltung zu betrachten. Die Bestimmungsfaktoren besitzen einen innenpolitischen oder außenpolitischen Charakter. Abb. 6 beinhaltet die nachfolgend genannten Determinanten sowie einige Indikatoren zu ihrer Messung. Sie integriert auch sozioökonomische Komponenten.

Die politischen Determinanten des Länderrisikos unterliegen, anders als die wirtschaftlichen Bestimmungsgründe, kaum quantitativ erhobenen Indikatoren. Die Einschätzung findet oftmals mittels qualitativer Datenerhebung statt. Die Operationalisierung politischer Risikodeterminanten stellt sich aufgrund einer Vielzahl interdependenter Verflechtungen mit wirtschaftlichen und sozioökonomischen Bestimmungsfaktoren als sehr komplex dar. Daraus resultieren „unschärfer" und „offener" formulierte Inhalte und Indikatoren als bei den wirtschaftlichen Risiken.

Politische Risikokomponente		
	Risikodeterminanten	**Indikatoren**
Innenpolitische Stabilität	• Politische Führung	• Regierungsform, -effektivität und Häufigkeit von Regierungswechseln, Rolle von Opposition und Militär
	• Innere Unruhen: ethnische, religiöse, rassistische, ideologische Konfliktpotenziale	• Anzahl von Demonstrationen, Revolten, Anschlägen, Staatsstreichen, politischen Todesopfern, radikaler Gruppen etc.
	• Demokratische Verantwortlichkeit	• Glaubwürdigkeit einer Regierung, Einhaltung von Verträgen
	• Zustand der Verwaltung	• Qualität der Verwaltung, Korruption
	• Rechtssprechung eines Staates	• Willkürliche Rechtsbrüche
	• Soziale Verhältnisse	• Einkommens- und Vermögensstruktur, Analphabetenquote
	• Ausländermentalität	• Verstaatlichung, Enteignung ausländischer Wirtschaftssubjekte
Außenpolitische Stabilität	• Gefahren militärischer Konflikte	• Territoriale Spannungen, ideologischer Dissens, Beziehungen zu Nachbarstaaten
	• Realisierbarkeit außenpolitischer Zielsetzungen	• Einbettung in internationale Organisationen und Abkommen, Beziehung zu Weltmächten

Quelle: eigene Darstellung nach KLOSE 1996:48, verändert

Abb. 6: Determinanten und Indikatoren zur Bestimmung des politischen Risikos

Ein wichtiger **Innenpolitischer Bestimmungsfaktor** ist die *Stabilität der politischen Führung.* Häufig herangezogene Indikatoren zu ihrer Messung sind die Art der Regierung und die Frequenz der Regierungswechsel. So deutet das Vorhandensein einer Demokratie, die regelmäßigen Wahlzyklen unterliegt, auf ein eher geringes politisches Risiko hin. Eine Diktatur hingegen, die politisch Andersdenkende mittels Repressalien unterdrückt und von politischen Ämtern ausschließt, lässt das Risikopotenzial eines Landes ansteigen (vgl. RAFFÉE/KREUTZER 1984:47). Auch ausgebaute Machtpositionen des Militärs sind für die Stabilität der politischen Führung eines

Landes bedeutsam. Ihr Einfluss auf die Stabilisierung einer Regierung wie auch deren Sturz ist nicht zu unterschätzen. Weitere mögliche Indikatoren sind: die Zersplitterung politischer Parteien in einem Land sowie ihre Stärke, die Existenz politisch radikaler Gruppen, die Anzahl von Regierungsstürzen und politischen Morden, die Existenz einer militanten Guerilla oder auch die Häufigkeit von Demonstrationen und die Reaktion des Staates auf diese (vgl. HAAS/NEUMAYR 2006:727f.). Oftmals können die vorhandenen politischen Konflikte als Spiegelbild der soziokulturellen Spannungen in der Bevölkerung betrachtet werden.

Ein weiterer bedeutsamer Aspekt innenpolitischer Risikodeterminanten stellt die *demokratische Verlässlichkeit und Verantwortlichkeit einer Regierung* gegenüber ihren Bürgern und im Land befindlichen Unternehmen dar. Sie repräsentiert die Glaubwürdigkeit einer Regierung beispielsweise im Bezug auf gegebene Wahlversprechen und ihre Umsetzung. Weiterhin bezeichnet sie den Willen einer Regierung, geschlossene Verträge, z. B. mit Unternehmen, einzuhalten, und diese nicht aufzukündigen, wenn die politische Führung und die Ausrichtung der Politik wechseln. Somit bezeichnet sie den institutionellen Schutz, den Investoren vor Vertragsbrüchen oder auch Enteignungen besitzen (vgl. STOSBERG 2004:87). Auch kann sie Maßstab zur Messung in einem Land befindlicher oppositioneller Parteien und ihrer Stärke sein und definiert das Vorhandensein von Grundrechten wie der Freiheit der Meinungsäußerung in einer Gesellschaft.

Eine weitere Determinante ist der *Zustand der Verwaltung*. Er ist ein Maß der Qualität und Stärke vorhandener Verwaltung in Staaten. In Entwicklungsländern- und Schwellenländern sind diese häufig in einem mangelhaften Zustand und gekennzeichnet durch Ineffizienz, mangelhafte Organisationsstrukturen, schlecht ausgebildetes Personal, Korruption und weitere bürokratische Hürden für etwaige Investoren (vgl. BALLEIS 1984:65f.). So ist es beispielsweise möglich, dass ein potenzieller Investor eine Vielzahl von Formularen und Gängen in Verwaltungen auf sich nehmen muss, um eine Produktionsstätte zu eröffnen. Jeder dieser Schritte ist zeitintensiv, und die Vernetzung zwischen verschiedenen Ämtern ist möglicherweise nicht gegeben. Auch das Ausmaß der Korruption in einem Land besitzt einen starken Einfluss auf den Zustand der Verwaltung. Nicht selten ist für einen Bittsteller die Zahlung von Geldern oder Sachleistungen an höhere Beamte, die bestimmte Zuständigkeitsbereiche betreuen, erforderlich, damit ein Anliegen überhaupt bearbeitet wird. Korruption ist ein Phänomen, welches sich weltweit beobachten lässt. Allerdings liegen deutliche Unterschiede bezüglich ihrer Ausprägung, ihrer Erscheinungsform und der moralischen Akzeptanz in der Bevölkerung vor. Der Begriff der *Korruption* umfasst die folgenden Merkmale (vgl. HAAS/NEUMAYR 2006:728):

- den Missbrauch einer amtlichen Funktion in der Wirtschaft, Politik oder sonstigen öffentlichen Ämtern auf Veranlassung anderer oder eigene Initiative.
- er bezieht sich im Falle politischer oder öffentlicher Mandatsträger auf die Erlangung bzw. das Anstreben eines persönlichen Vorteils mit der Folge eines direkten oder indirekten Schadens oder Nachteils für die Allgemeinheit oder ein Unternehmen.

Der am häufigsten genutzte Indikator zur Messung und zum internationalen Vergleich von Korruption ist der von der unabhängigen Nicht-Regierungsorganisation „Transparency International" veröffentlichte Corruption Perception Index (CPI).

Die letzte hier genannte Determinante innenpolitischer Risikofaktoren ist die *Rechtsprechung eines Staates* und die hiermit verbundene Rechtssicherheit. Sie bezieht sich auf alle Aspekte der Rechtsprechung eines Staates. Nationale Gesetzgebungen im Öffentlichem Recht und Privatrecht, Auflagen beim Kartellrecht, Bestimmungen im Handels- und Unternehmensrecht, dem Haftungsrecht oder auch dem Arbeits- und Sozialrecht (vgl. BALLEIS 1984:66). Gerade Entwicklungsländer weisen gravierende Defizite im Bereich ihrer Rechtsprechung auf. Potenzielle Beispiele hierfür können sein:

- eine willkürliche oder sogar in der Verfassung verankerte Möglichkeit der Außerkraftsetzung von öffentlichem Recht wie des Rechtes auf Freiheit und Unabhängigkeit eines Einzelnen oder einer Gruppe
- als auch ein für den Unternehmensbereich geltender rechtlich nicht ausreichender Schutz von geistigem Eigentum, Kapital- oder Anlagenwerten. Dieser kann einerseits zu ungeahndeten Verstößen beispielsweise bei der Herstellung von Plagiaten eines Produktes führen, anderenfalls zu staatlich legitimierten Enteignungen von Produktionsanlagen.

Außenpolitische Bestimmungsfaktoren bzw. die Untersuchung der außenpolitischen Stabilität eines Landes wird hauptsächlich determiniert durch *die Gefahr militärischer Konflikte* als auch über die *Realisierbarkeit außenpolitischer Zielsetzungen* (vgl. KOCHALUMOTTIL 2002:14f.). Indikator für evtl. bevorstehende militärische Konflikte sind bilaterale Untersuchungen der Beziehung eines Landes zu seinen Nachbarländern bezüglich territorialer Spannungen oder ideologischer Differenzen. Verschiedene Autoren vertreten gemeinsam die Auffassung, dass die politischen Risiken innerhalb eines kriegführenden Landes nahezu unkalkulierbar sind (vgl. BALLEIS 1894:122). Außenpolitische Zielsetzungen eines Landes können anhand einer Einbindung in wirtschaftliche, politische oder militärische Bündnisse und Abkommen als auch an der Beziehung zu auf der Welt einflussreichen Ländern überprüft werden.

2.2.5 Maßnahmen zur Abschwächung politischer Risiken

Aufgrund des zunehmenden Wettbewerbs zwischen Ländern der Emerging Markets zur Akquisition ausländischer Direktinvestitionen von Unternehmen versuchen viele Staaten, Investoren durch bestimmte Investitionsanreize für ihren Standort zu gewinnen. Gezielt werden Marketingkampagnen oder Anpassungen in der Wirtschaftspolitik seitens der Regierungen vorgenommen, um höhere ADI zu erzielen. Die Maßnahmen können in drei Bereiche unterteilt werden (vgl. STOSBERG 2004:132).

1. Änderung der Vorteile und Nachteile des Investitionsstandortes
2. Reduzierung der Lokalisations- und Operationskosten des Investitionsstandortes für Investoren
3. Promotionskampagnen zur Verbreitung positiver Informationen über den Investitionsstandort, sowie das Angebot von Serviceleistungen für Unternehmensansiedlungen

Ein Staat hat mit diesen Marketingmethoden die Möglichkeit, gezielt Unternehmensansiedlungen in von ihm bevorzugten Branchen zu begünstigen. Staatliche Strategien zur Abschwächung politischer Risiken können auf verschiedenen Ebenen ansetzen. Im Anschluss werden fünf häufig genutzte Ansätze kurz vorgestellt (vgl. STOSBERG 2004:132ff.). Die genannten Ansätze müssen mittel- und langfristig nicht zwangsläufig positive Effekte für einen Staat besitzen. Vor- und Nachteile der erwähnten Strategien sind nicht weiterer Gegenstand dieser Studie und werden aus diesem Grund nachstehend zum Teil kurz angesprochen, aber nicht weiter diskutiert.

Den ersten hier vorgestellten Ansatz **stellen Investitionsanreize, soziale Standards als auch die Umweltgesetzgebung** seitens der Regierungen dar. Investitionsanreize zielen größtenteils darauf ab, die Lokalisations- und Operationskosten von multinationalen Unternehmen an einem Standort zu senken. Sie finden hauptsachlich in einem finanzpolitischen oder wirtschaftlichen Rahmen statt. Die grundsätzliche Idee dieses Ansatzes besteht darin, potenzielle Investoren nicht durch politische Novellierungen an einen Standort zu locken, welche direkt vorhandene Risiken abschwächen würden, sondern steuerliche Vorteile oder sonstige Vergünstigungen wie günstige Bodenpreise bereitzustellen, welche Unternehmenserlöse erhöhen.

Ähnlich der Werbung mit Investitionsanreizen für einen Standort betreiben Staaten Werbung mit ihrer Umweltgesetzgebung oder den vorhandenen sozialen Standards. Durch geringe Umweltauflagen für Industrien oder extrem billige Arbeitskräfte und geringe Arbeitnehmerrechte wird versucht, sich Vorteile gegenüber konkurrierenden Staaten zu verschaffen. Auch in diesem Fall sind Staaten nicht daran interessiert, vorhandene Risiken abzuschwächen, sondern sie zu überspielen. In langer Sicht offenbart die symptomatische Behandlung politischer Risiken viele Nachteile. Beispielsweise können steuerliche Mindereinnahmen den Nutzen ins Land fließender ADI zu Nichte machen. Des Weiteren können niedrige soziale Standards langfristig zum einen die Produktivität der Arbeitskräfte vermindern und zum anderen soziale Spannungen im Land vergrößern. Die Diskussion über den Nutzen oder Unnützen kurzfristiger Investitionsanreize oder niedriger Sozialstandards mitsamt seinen Folgen würde den Rahmen dieses Buches sprengen und kann aus diesem Grund nicht weiter vertieft werden.

Ein weiteres Konzept ist das der **makroökonomischen Stabilität.** Sie ist eine unter Forschern allgemein anerkannte Voraussetzung für wirtschaftliches Wachstum eines Landes. Klassische Konzepte zur Messung von Länderrisiken beschäftigen sich hauptsächlich mit der Messung makroökonomischer Indikatoren und deren Auswirkungen für internationale Investoren. Daraus folgt der Schluss, dass die Steigerung makroökonomischer Rahmenbedingungen eines Landes, beispielsweise seiner Finanzmarktpolitik wie auch seiner Währungspolitik wichtige Eckpfeiler für die Abschwächung politischer Risiken darstellen.

Ein drittes Konzept behandelt Reformen bezüglich der **Verantwortlichkeit, Transparenz und an Regeln gebundenes Regieren** einer Regierung. Hierunter sind Maßnahmen eines Landes zu verstehen, welche versuchen, die Ausprägungen politischer Risiken direkt anzugehen, also institutionelle Reformen zur Ursachenbekämpfung und damit zur Verbesserung des Investitionsklimas eines Landes. Für Länder der Emerging Markets können dies Verbesserungen im Rechtssystem oder auch ein besserer Schutz von Eigentumsrechten sein. Generell zählen alle Maßnahmen zu guter Regierungsführung. So zählt verantwortliches Handeln einer Regierung im Bezug auf mit ihr abgeschlossene Kontrakte zu guter Regierungsführung. Auch die Transparenz innerhalb des Verwaltungssystems zur Eindämmung von Korruption, und eine an Gesetze und Regeln gebundene Regierung tragen zur Vertrauensbildung bei Investoren und Abschwächung politischer Risiken bei.

Die Einbindung von institutionell schwach ausgebildeten Ländern in **multilaterale Abkommen**, z. B. internationale Handels- oder Finanzabkommen, kann dafür sorgen, dass Regierungen präzise definierten Regeln unterworfen werden und eine Abkehr von der Einbindung in diese internationalen Mechanismen sehr kostspielig wäre. Nebeneffekt von internationalen Übereinkommen können langfristig institutionelle Änderungen in einem Land sein. Durch die Mitgliedschaft in solchen Abkommen sind politische Akteure nicht mehr nur nationalem Recht unterworfen, sondern auch internationalem. Dies kann willkürlichen Entscheidungen mehr oder weniger autokratischer Regierungen positiv entgegenwirken.

Der fünfte hier vorgestellte Ansatz bezieht sich auf **bilaterale Abkommen und regionale Integration** zwischen Staaten einer bestimmten Wirtschaftsregion. Diese sind dem Einbinden von Ländern in multilaterale Abkommen ähnlich. Nationale Regierungen werden internationalen Regeln und Vorschriften unterworfen, die ihre uneingeschränkte Entscheidungsfreiheit beschneiden und zu verantwortlichem Handeln beitragen können. Ein entscheidender Unterschied liegt in den Mitgliedsstaaten solcher Abkommen. Bei multilateralen Abkommen sind häufig große Industrieländer die Träger der Abkommen. Die Kontrollmechanismen sind generell hoch und durch eine große Transparenz und Glaubwürdigkeit gekennzeichnet. Bei bilateralen und regionalen Abkommen ist dies nicht zwangsläufig der Fall. Besitzen alle Mitgliedsstaaten hohe Länderrisiken und schwach ausgebildete institutionelle Rahmenbedingungen, sind die Kontrollmechanismen eines solchen Abkommens fragwürdig und die erwünschte internationale Glaubwürdigkeit des Abkommens gering. So ist der Nutzen solcher Verträge nicht in jedem Fall als positiv zu bewerten.

3. Analyse von Länderrisiken

Die Analyse von Länderrisiken liegt seit längerer Zeit im Hauptinteresse internationaler Wirtschaft. Die Entwicklung von Indikatoren zu ihrer Messung stellt ein aktuelles Forschungsgebiet dar. Methoden der Messung von politischen Indikatoren, politischer Instabilität oder gewaltsamen Ausschreitungen in Ländern haben sich zu in der Praxis angewandten Variablen entwickelt, die zur Beurteilung und Einschätzung von Länderrisiken auf Unternehmensebene beitragen. Weiterhin liefern sie wichtige Zusammenhänge für forschende Arbeiten zum Zusammenhang von Wirtschaftswachstum, politischen Variablen und Investitionsquoten ausländischer Unternehmen, als auch zu rezessiven makroökonomischen Wirtschaftsentwicklungen in Ländern. Wie im letzten Kapitel dargestellt kann die unternehmensexterne Umwelt von Staaten unternehmerische Prozesse in mannigfaltigen Formen beeinflussen. Indikatoren zu ihrer Messung können generell zwei unterschiedliche Arten von Risiken untersuchen. Zum einen kann versucht werden, ein komplettes Bild der Zustände eines Landes darstellen. Die andere Art beschäftigt sich mit Teilaspekten des politischen, ökonomischen oder finanzpolitischen Zustandes, und dem Entwicklungsprozess, in dem sich ein Land befindet.

Ziel dieses Kapitels ist zum einen die detaillierte Darstellung der Erhebungsmethodik, welcher die in Kapitel 4 mittels multipler Regressionsanalyse untersuchten Bestimmungsfaktoren des Länderrisikos unterliegen. Zum anderen liefert das Kapitel einen Überblick über einige bislang erschienene Forschungsarbeiten zu der Thematik dieser Arbeit und ihren Ergebnissen.

3.1 Methodik der Risikoanalyse

Heutzutage existieren eine Vielzahl unterschiedlicher Konzepte und Analyseverfahren zur Bestimmung von Länderrisiken. Ein Teil der Bewertungen von Länderrisiken besitzt eine unternehmensinterne Informationsgrundlage. Diese resultiert aus innerbetrieblichen Datenbanken oder Informationssystemen wie auch im Ausland tätigen Mitarbeitern, die aktuelle Informationen über die Situation in einem Land liefern können. Die unternehmensinternen Informationsquellen sind schnell und kostengünstig verfügbar. Jedoch bieten sie in seltensten Fällen eine allumfassende Einschätzung der Risikosituation an Standorten. Der weit größere Teil von Risikoanalysen beruht auf unternehmensexternen Informationsquellen und Anbietern. Sie besitzen einen staatlichen oder privatwirtschaftlichen Ursprung. Die angebotenen Informationen sind teils kostenlos, teils gegen Entgelt erhältlich.

Im Folgenden werden einige häufig genutzte Analysekonzepte und Anbieter diskutiert. Die hier dargestellten Ansätze erheben keinesfalls den Anspruch auf Vollständigkeit. Die Unterteilung erfolgt zum besseren Verständnis in qualitative und quantitative Analyseverfahren. Jedoch muss darauf hingewiesen werden, dass moderne quantitative Analysemethoden oftmals beide Formen der Informationsgewinnung beinhalten. Die Trennung zwischen qualitativ und quantitativ erfolgt nur in der Theorie.

Betrachtet man die Anforderungen an Verfahren zur Länderrisikoanalyse, so besteht die wesentlichste Aufgabe bei der Beurteilung von Staaten darin, existierende Risiken möglichst exakt und vollständig darzustellen. Grundlage hierfür ist, dass die erhobenen Daten möglichst objektiv erfasst wurden und quantifizierbar sind. Wichtig ist weiterhin eine mögliche Nutzung der Ansätze als operatives Instrument. Hierfür sollte sich ein Ansatz auf wenige, leicht zu ermitteInde Indikatoren beziehen, welche Aktualität besitzen und international vergleichbar sind (vgl. KOCHALUMOTTIL 2002:23). Das würde ein Analyseverfahren flexibel und anpassungsfähig machen. In der Praxis ist solch ein Idealverfahren nicht gegeben. Eine weitere Anforderung an ein systematisches Analyseverfahren ist die Bestimmung des Risikoumfanges oder anders gesagt des aggregierten Risikos für investierende Unternehmen in einem Land generell oder für bestimmte Branchen im speziellen (vgl. BALLEIS 1984:156).

3.2 Qualitative Analyseverfahren

Qualitative Verfahren sind charakterisiert durch das Nichtvorhandensein eines vorgegebenen Kriterienkatalogs. Hierdurch ist es möglich, die für einen Entscheidungsträger relevanten Risikokomponenten zusammenzufügen und zu einer Empfehlung zu kommen. Bei qualitativen Verfahren wird versucht, ein ganzheitliches Risikoprofil eines Landes wiederzugeben, welches nicht auf einer zahlenmäßigen Bewertung beruht (vgl. HAAS/NEUMAYR 2006 2006:735).

Zu den am häufigsten genutzten Verfahren in diesem Bereich gehören die Checklisten. Sie sind meistens sehr umfassend und beinhalten neben politischen Faktoren eines Landes auch makroökonomische oder sozioökonomische Variablen als Einflussgrößen (vgl. BALLEIS 1984:158). Durch Checklistverfahren ist es möglich, eine vollständige und einheitliche Informationsgrundlage für Auslandsmärkte zu schaffen (vgl. MOOSA 2002:136). Kritisch zu betrachten ist die schlechte Vergleichbarkeit der Ergebnisse, da die Erstellung verschiedenen Experten unterliegt, die ihre Urteile zu unterschiedlichen Zeitpunkten abgeben. Daraus resultiert, dass eine Beurteilung in regelmäßigen Abständen wiederholt werden müsste, am besten von denselben Experten (vgl. HAAS/NEUMAYR 2006:735).

Ein weiteres qualitatives Verfahren ist die Methode der Rundreise. Vor einer geplanten Investition unternehmen ein Manager oder ein Team eine Inspektionstour vor Ort, um Führungskräfte des Landes zu treffen oder Konferenzen mit Geschäftsleuten oder Regierungsbeamten abhalten. So erhalten sie einen Eindruck über vorherrschende, für ihre Unternehmung wichtige Faktoren in einem Land (vgl. STOSBERG 2004:113). Diese Form der Analyse leidet an selektiven Informationen, die Beobachter erhalten. Oftmals bekommen sie formelle Lageberichte, die wenig mit politischen oder wirtschaftlichen Realitäten in einem Land zu tun haben (vgl. BALLEIS 1984:159; MOOSA 2002:138).

Ein qualitatives Verfahren, welches oftmals genutzt wird, ist die Delphi- Technik. Die Delphi-Technik ist ein mehrstufiges Befragungsverfahren zur Einschätzung von zukünftigen Ereignissen und Trends. Zunächst wird versucht, selektive Elemente zu identifizieren, welche die politische oder wirtschaftliche Entwicklung eines Landes beeinflussen. Beispielsweise Daten über die Größe und Zusammensetzung der Streitkräfte eines Landes, über etwaige Verzögerungen aufgrund bürokratischer Hürden, die Investoren hinnehmen müssen, oder auch vorgekommenen politischen Entführungen. Im nächsten Schritt werden verschiedene Experten mit der Einstufung und Gewichtung der Faktoren für das betreffende Land beauftragt. Anschließend werden die in Checklisten vorliegenden Variablen zu einem Index oder Maßstab des politischen Risikos komprimiert (vgl. BALLEIS 1984:159; KENNEDY JR., CH.R. 1973:9). Ein kritischer Faktor der Delphi-Technik ist die Operationalisierung der Variablen in eine quantifizierbare Form (vgl. STOSBERG 2004:113).

Die wesentlichen Nachteile qualitativer Verfahren sind die ihnen anlastende Subjektivität wie auch ihre mangelnde Vergleichbarkeit. Das Problem der Subjektivität beginnt bei der Auswahl der Experten für eine Aufgabe. Neben der Frage seiner Erfahrung, d.h. über welchen Informationsstand der Experte verfügt und welchen Zugang er zu den benötigten Informationen hat, ist auch seine Fähigkeit, Probleme zu analysieren, zu beurteilen und zu prognostizieren, relevant (vgl. MEYER 1987:120). Folglich ist denkbar, dass zwei unterschiedliche Experten das Vorliegen der gleichen Risikosituation völlig unterschiedlich bewerten und somit zu differierenden Resultaten bezüglich des vorliegenden Risikopotenzials gelangen (vgl. Kochalumottil 2002:25). Um diesem Problem entgegenzuwirken, kann versucht werden, schon im Vorfeld einer Untersuchung ein möglichst klar strukturiertes Gerüst zu schaffen, an welches sich die Analysten halten sollen. Auch besteht die Möglichkeit, jedes Länderprofil von mehreren Experten überprüfen zu lassen, um einer allzu hohen Subjektivität vorzubeugen. Gerade bei Paneldaten ist es erforderlich, dass das Informations- und Bewertungsverhalten eines Experten nahezu gleich bleibt, um eine Vergleichbarkeit der Daten über die Zeit zu ermöglichen. So wird durch Ausscheiden und Hinzukommen von neuen Experten die Vergleichbarkeit der Daten erschwert (vgl. MEYER 1987:121f.). Ein weiteres Problem ist die Komprimierung der Daten zu einem Gesamturteil. Die aggregierten Einzelurteile werden oftmals über die Berechnung des Mittelwertes zu einem Gesamturteil zusammengefügt. Die Größe der Varianz der Expertenmeinungen entscheidet über die Aussagekraft dieses Wertes. Kleine Streuungen der Varianz führen zu genauen Interpretationen. Große Streuungen in der Varianz oder sogar Widersprüche zwischen den Expertenmeinungen erschweren diese Interpretationen und können bis zu einer ungenügenden Aussagekraft führen. Dies führt zum Ausschluss von Extremwerten in der Bewertung oder zur übermäßigen Gewichtung von Expertenmeinungen. Über eine Gewichtung der Bewertungsurteile kann die Verringerung der Varianz von Befragungsergebnissen minimiert werden. Eine nachvollziehbare, an Berechnungen geknüpfte Gewichtung ist hier wichtig für die Objektivität (vgl. MEYER 1987:122). Eine Möglichkeit, Gewichtungen oder den Ausschluss von Meinungen entgegenzuwirken, sind mehrschichtige Befragungen. Hier wird ebenfalls versucht, eine Varianzreduktion zu erreichen. Extreme Meinungen müssen in einer ersten Befragungsrunde begründet werden. Jeder teilnehmende Experte erhält in einer zweiten Runde die Ergebnisse und Begründungen der anderen Teilnehmer. Aufgrund dieser zusätzlichen Informationen wird erneut eine Beurteilung abgegeben. Der Befragungsprozess wird wiederholt, bis eine für die Interpretation eines Ergebnisses ausreichende Konvergenz der Meinungen existiert.

Die den qualitativen Verfahren anlastende Subjektivität stellt nicht zwangsläufig ein negatives Element dar. Zum einen existieren vielfach keine objektiven Daten zu bestimmten Untersuchungsgegenständen. Zum anderen beruhen die Daten auf der Einschätzung unternehmerischer Entscheidungsträger, welche letztendlich über die Standorte ausländischer Direktinvestitionen entscheiden (vgl. JOST/NUNNENKAMP 2002:38).

3.3 Quantitative Analyseverfahren

Die Grundlage quantitativer Analyseverfahren zur Ermittlung von Länderrisiken sind statistische Kennziffern oder Punktbewertungsmodelle. Durch die zahlenmäßige Bewertung wird das Länderrisiko eines Landes als Maßzahl dargestellt (vgl. HASS/NEUMAYR 2006:737). Quantitative

Analyseverfahren können unterteilt werden nach Länderratings (Scoring Modelle), makroökonomischen Verfahren und ökonometrischen Verfahren (vgl. KOCHALUMOTTIL 2002:25ff.). Das Hauptaugenmerk im folgenden Kapitel liegt bei der Betrachtung von Länderratings. Die genutzten Daten der in Kapitel 4 der vorliegenden Untersuchung vorgenommenen statistischen Analyse basieren auf Indikatormodellen. Die beiden hier zur Darstellung ausgewählten Indikatorenmodelle sind zum einen der Business Risk Service (BRS) aufgrund seiner weit verbreiteten Nutzung. Zum anderen der International Country Risk Guide (ICRG), der die Indikatoren erhebt, die in dieser Analyse genutzt werden. Makroökonomische wie auch ökonometrische Verfahren zur Beurteilung von Länderrisiken werden hauptsächlich bei bankbetrieblichen Studien und Forschungsarbeiten genutzt. Sie werden in Punkt 3.4 kurz thematisiert. Bei weitergehendem Interesse an diesen Verfahren bieten sich die Arbeiten von CLOES 1988 oder LICHTLEN 1997 an, welche die genannten Verfahren ausführlich diskutieren.

3.3.1 Grundlagen des und Qualitätsanforderungen an das Länderrating

Länderratings stellen die Standardverfahren bei der Länderrisikoanalyse dar. Es sind außerbetriebliche Informationsquellen, die der Beobachtung, Beurteilung und der Kontrolle ausländischer Märkte dienen (vgl. HAAS/NEUMAYR 2006:737f.). Ihr Ziel ist sowohl eine frühzeitige Signalisierung politischer wie ökonomischer Chancen in ausländischen Märkten und Ländern, als auch ihrer Risiken. Das Konzept von Länderratings ist, sich nicht singulär auf Wirtschaftssubjekte zu konzentrieren, sondern vielmehr politische, ökonomische und soziokulturelle Entwicklungen eines Landes in ihrer Gesamtheit darzustellen. Sie unterliegen einer häufigen Nutzung privatwirtschaftlicher Unternehmen, die sich vor geplanten Investitionen über potenzielle Risiken eines Auslandsstandortes informieren wollen und stellen somit eine Informationsquelle besonderer Bedeutung für diese dar. Dabei geht es nicht nur darum, sich einen Überblick über aktuell vorherrschende Risiken zu verschaffen, sondern wenn möglich auch unterschwellige Konflikte, die sich zu Risiken innerhalb des Lebenszyklus einer Unternehmensaktivität entwickeln können, zu interpretieren und einzuschätzen (vgl. KRYSTEK/WALLDORF 2002:653).

Der Begriff des Ratings umfasst den Vorgang der Bewertung wie auch das quantifizierte Ergebnis. Ein wichtiges Charakteristikum des Ratings ist, dass es kein absolutes Urteil über das Risikopotenzial eines Landes vergibt, sondern dem interessierten Betrachter Entscheidungshilfen durch die Einteilung in Klassen liefern soll. Es wird keine Maßzahl des Risikos festgelegt. Im

Gegensatz zu den qualitativen Verfahren, welche als Ergebnis eine Beurteilung des Gesamteindrucks liefern, setzt sich ein Rating aus einer differenzierten Einzelbewertung einzelner Risikofaktoren aus verschiedenen Klassen zusammen (vgl. KOCHALUMOTTIL 2002:26). Länderratings setzen neben quantitativen Variablen auch qualitative ein, z. B. soziopolitische Parameter. Durch diese Integration werden die Einschätzungsmöglichkeiten der Rahmenbedingungen des Investitionsklimas eines Landes verbessert.

Um über die Risikosituation eines Landes zuverlässig Aufschluss zu geben, sind bestimmte Qualitätsanforderungen im Bezug auf die Erstellung eines Rating notwendig (vgl. HAAS/ NEUMAYR 2006:738). Die Erstellung eines Länderratings soll neutral, unabhängig und objektiv erfolgen und keiner Beeinträchtigung von politischen Instanzen unterliegen. Darüber hinaus sollten für eine Multikausalität qualitative sowie quantitative Kriterien berücksichtigt werden. Ein Rating sollte zeitliche Vergleiche für einzelne Länder als auch Vergleiche zwischen verschiedenen Ländern ermöglichen. Ratings sollten einen prognostizierbaren Charakter aufweisen. Investitionsentscheidungen von Unternehmen sind mit der Beurteilung zukünftiger Situationen verknüpft. Über eine reine Bewertung hinaus sollten bei einem Rating auch Handlungsempfehlungen und Warnungen ausgesprochen werden. Das Analyseverfahren muss transparent sein. Hierfür ist es erforderlich, Bewertungen und Empfehlungen nachvollziehbar darzustellen und die Methodik zur Erstellung des Ratings offenzulegen.

3.3.2 Business Risk Service (BRS)

Der Business Risk Service (BRS), vormals Business Environmental Risk Information Index (BERI) des BERI- Instituts ist eines der international bekanntesten Ratings zur Beurteilung des Investitionsklimas in einem Land. Die Institution wurde 1966 gegründet. Der seit 1972 erstellte Index stellt ein umfassendes Risikoinformationssystem für Unternehmen und Banken dar. Dreimal jährlich wird das Länderrisiko von 50 Ländern auf der Grundlage von historischen Daten und Ein- und Fünfjahresprognosen beurteilt. Neben der Beurteilung des Risikos werden auch Aussagen und Empfehlungen hinsichtlich der Marktbearbeitungsstrategie eines Landes getätigt. Der Index ist zusammengesetzt aus qualitativen und quantitativen Daten. Die qualitativen Daten werden über Befragungen von Experten ermittelt. Das BERI- Institut besitzt zwei permanent aktive Expertenpanels. Eines bewertet die politischen Konditionen in Ländern, das andere ermittelt Perspektiven in der operativen Umwelt eines Landes. Zur Wahrung der Objektivität von Analysen und Prognosen werden die Namen der Analytiker, Klienten und Panelmitgliedern nicht veröffentlicht (vgl. BERI o. J.). Der BRS ist zusammengesetzt aus 3 Subindizes.

Der *Operation Risk Index* (ORI) bewertet das Investitions- und Geschäftsklima eines Landes. Kriterien sind z. B. die politische Stabilität eines Landes, oder das Verhalten gegenüber ausländischen Investoren und Verstaatlichungstendenzen (vgl. HAAS/NEUMAYR 2006:739).

Der *Remittance and Repatriation Factor* (R-Faktor) bewertet das Währungs- wie auch das Transferrisiko. Einzelindikatoren sind beispielsweise die Leistungsbilanzsituation, die vorhandenen internationalen Reserven eines Landes, oder auch die Höhe- und Struktur seiner Auslandsschulden.

Der *Political Risk Index* (PRI) analysiert und beurteilt die politischen Risiken eines Landes. Es findet eine Unterscheidung nach internen und externen Ursachen, wie auch nach den Symptomen von politischen Risiken statt. Der Index umfasst zehn Subvariable. Diese werden in Abb. 7, eingeteilt in die drei genannten Kategorien, aufgezeigt.

Die Subindikatoren der internen Ursachen setzen sich aus der Fraktionalisierung des politischen Spektrums, die eine Teilung hinlänglich der politischen Perspektiven einer Gesellschaft beschreibt, sowie der Fraktionalisierung der Sprachen, der Religionen oder auch der ethnischen Gruppierungen in einem Land zusammen. Weitere Indikatoren sind: Repressionen einer Regierung gegenüber ihren Bürgern zum Machterhalt. Die Mentalität der Bevölkerung bezogen auf Ausländerfeindlichkeit, Nationalismus oder auch Korruption. Die soziale Situation eines Landes, die z. B. die Einkommensverteilung und Bevölkerungsdichte einer Gesellschaft beschreibt, wie auch der Organisation und Stärke radikaler Parteien.

Zu den Subvariablen der externen Ursachen gehören die Abhängigkeit von feindlichen Mächten und der negative Einfluss durch regionale politische Kräfte. Die Symptome politischer Risiken äußern sich in gesellschaftlichen Konflikten durch Demonstrationen, Streiks, Aufruhr, etc. und in politischer Instabilität durch Putschversuche, politische Morde, Entführungen u.a.

Zur Veranschaulichung wird im Folgenden die Indexberechnung des PRI kurz in einzelnen Schritten erläutert (vgl. MEYER 1987:93f.):

Risikokategorie	Komponenten
Interne Ursachen politischer Risiken	• Fraktionalisierung des politischen Spektrums • Fraktionalisierung durch Sprache und ethnische oder religiöse Gruppen • Restriktive Maßnahmen zum Machterhalt • Mentalität der Gesellschaft (Nationalismus, Rassismus, Korruption etc.) • Soziale Bedingungen (Einkommensverteilung, Bevölkerungsdichte etc.) • Organisation und Stärke radikaler Parteien
Externe Ursachen politischer Risken	• Abhängigkeit von feindlichen Mächten • Negativer Einfluss regionaler politischer Kräfte
Symptome politischer Risiken	• Gesellschaftliche Konflikte (Streiks, Demonstrationen etc.) • Politische Instabilität (Putschversuche, pol. Morde etc.)

Quelle: eigene Darstellung nach WAFO 1998:30; STOSBERG 2004:117, verändert

Abb. 7: Komponenten des BERI- Political Risk Index

1. Schritt: 5 - 8 Experten beurteilen ein Land hinsichtlich der in der Abbildung 7 dargestellten Kriterien. Die Variablenwerte können zwischen 0 und 7 liegen, wobei 7 für das kleinste und 0 für das größtmögliche Risiko eines Landes steht. Maximal kann ein Land 70 Punkte erreichen.

2. Schritt: Die Kriterien 1 - 8 werden entsprechend ihrer Bedeutung gewichtet. Hierfür können Experten 30 weitere Punkte auf die Variablen verteilen, müssen sie aber nicht.

3. Schritt: Es erfolgt die Berechnung des arithmetischen Mittels und der Standardabweichung für die Merkmalsausprägungen. Extreme Abweichungen werden mittels der Delphi- Methode korrigiert. Mittels dieser wird jedes Mitglied des Panels mit dem Durchschnittswert der betrachteten Variablen konfrontiert und bekommt eine Chance auf nachträgliche Korrekturen eingeräumt (vgl. MEYER 1987:122f.).

4. Schritt: Die gemittelten Merkmalsausprägungen und Gewichtungen werden zu einem Gesamtpunktwert addiert.

5. Schritt: Anhand ihrer Gesamtpunktzahl von 0 - 100 erfolgt eine Einordnung der einzelnen Länder in Risikoklassen.

Der BRS ist weit verbreitet und besitzt ein hohes Maß an Standardisierung. Durch die gleichzeitige Betrachtung vieler Erklärungsvariablen aus unterschiedlichen Bereichen ergibt sich die Möglichkeit, einzelne Länder miteinander zu vergleichen. Nach HAAS/NEUMAYR (2006:741) nutzen viele Banken, Versicherungen und staatliche Institutionen den BRS als Informationsquelle. Weiterhin ist er die Grundlage für Direktinvestitionsentscheidungen von ca. 50% aller amerikanischen, französischen, japanischen, schweizerischen und deutschen Industrieunternehmen.

Trotz weitreichender Verbreitung unterliegt der BRS einigen Kritikpunkten (vgl. HAAS/NEUMAYR 2006:742f.):

- im Index enthaltene Kriterien werden subjektiv ausgewählt; viele der Kriterien weisen eine Korrelation mit der politischen Stabilität eines Landes auf, welche daher überproportional gewichtet im Index vertreten ist; weiterhin ist die angenommene Unterstellung eines linearen Zusammenhangs zwischen den Kriterien nicht zweifelsfrei belegt

- die Darstellung einiger Kriterien erfolgt intervallskaliert, obwohl sie nur ordinalskaliert vorliegen

- die Skalierung der Abschnitte des Punktschemas, in denen bestimmte Handlungsstrategien empfohlen werden, besitzt keine Allgemeingültigkeit, sondern ist willkürlich vom BERI- Institut entworfen

- die Aggregierung der Punktwerte erschwert eine Interpretation des Gesamtbild eines Landes, da einzelne Ergebnisse zusammengefasst und kompensiert werden

- die ein- und fünfjährigen Länderprognosen sind fragwürdig, da wirtschaftliche und politische Krisensituationen in Ländern oftmals kurzfristig eintreten. Beispiele hierfür sind die nicht vorhergesagten Wirtschaftskrisen südostasiatischer Volkswirtschaften 1997/1998, oder auch die seit 2008 weltweit grassierende Finanzkrise, welche immer stärkere Ausmaße annimmt.

3.3.3 International Country Risk Guide (ICRG)

Der International Country Risk Guide wurde 1980 gegründet und prognostiziert finanzielle, ökonomische und politische Risiken. Es ist der einzige Anbieter, der auf monatlicher Basis 140 Länder analysiert (vgl. HOTI/McALEER 2004:541.). Der Index enthält 22 Variablen in drei Risikokategorien: politisch, finanziell und ökonomisch. Für jede der Kategorien wurde ein eigener Index entworfen. Der Index des politischen Risikos basiert auf 100 Punkten, die Indizes des finanziellen und ökonomischen Risikos jeweils auf 50 Punkten. Die Gesamtpunkte der Länderindizes werden durch zwei geteilt. Somit fließen die politischen Länderrisiken mit einer 50%igen Gewichtung in den Index ein. Die zusammengezählten Punkte von 0 – 100 werden in Risikokategorien unterteilt, wobei ein sehr geringes Risiko bei 80 – 100 Punkten vorliegt und von 0 – 49,5 Punkten ein sehr hohes (vgl. PRS- GROUP 2007).

Ein Vorteil des ICRG Modells ist, dass es Benutzern erlaubt, ihre eigenen Risikobeurteilungen zu erstellen, die auf dem *ICRG* Modell basieren, oder das gesamte Modell zu ändern, um spezifischen Anforderungen genüge zu tun. Wenn bestimmte Risikofaktoren einen größeren Einfluss auf bestimmte Geschäfte oder Investitionen haben, können die Risikobewertungen rekalkuliert werden, um den wichtigen Faktoren eine höhere Gewichtung zukommen zu lassen. Das ICRG Modell wird von institutionellen Anlegern, Banken, multinationalen Konzernen, Importeuren, Exporteuren, Devisenkurshändlern, Logistikunternehmen und einer Menge von anderen Nutzern verwendet. Das Modell kann darüber Aufschluss geben, wie finanzielle, ökonomische und politische Risiken das Geschäft von Investoren zum heutigen Zeitpunkt und zukünftig beeinflussen könnten (vgl. PRS- GROUP 2007).

Die Bewertung des politischen Risikos umfasst 12 gewichtete Variable mit ihren 15 Subvariablen, welche politische und sozioökonomische Attribute abdecken. Jede der Variablen besitzt eine maximale Punktzahl, wobei eine höhere Punktzahl auf ein potenziell geringeres Risiko hindeutet und umgekehrt. Die Beurteilung findet auf subjektiver Basis durch die Analyse verfügbarer Informationen von PRS- Beschäftigten statt. Die Indizes finanzieller und ökonomischer Risiken werden ausschließlich durch objektive Daten gebildet. Eine Besonderheit des ICRG ist, dass anders als bei anderen Ratings, die Struktur eines nationalen politischen Systems eine fundamentale Rolle als Determinante politischer Risiken einnimmt. Bevor politische Risiken mittels eines quantitativen Rating Systems evaluiert werden findet eine Einordnung analysierter Länder nach dem politischen System statt. Die Grundannahme bei dieser Klassifizierung ist, dass ein höherer Grad an Demokratie in Zielländern ein höheres Maß an Verantwortlichkeit bei nationalen Institutionen widerspiegelt, welches im Gegenzug ein geringeres Risiko von politischen Schocks impliziert. Abb. 8 stellt die Basisklassifikationen der verschiedenen Staatsformen mit den zugehörigen Charakteristika dar.

Art des politischen Systems	Charakteristika
Wechselnde Demokratie (Alternating Democracy)	• Regierung nicht länger als 2 Perioden an der Macht • Freie und faire Wahlen der Legislative durch Konstitution determiniert • Aktive Präsenz von mehr als einer politischen Partei sowie eine funktionsfähige Opposition • Nachweisliche Gewaltenteilung zwischen Legislative, Exekutive und Judikative • Vorhandensein einer unabhängigen Justiz • Schutz der persönlichen Freiheiten durch konstitutionelle Garantien
Dominierte Demokratie (Dominated Democracy)	• Regierung länger als 2 Perioden an der Macht • Freie und faire Wahlen der Legislative durch Konstitution determiniert • Aktive Präsenz von mehr als einer politischen Partei • Nachweisliche Gewaltenteilung zwischen Legislative, Exekutive und Judikative • Vorhandensein einer unabhängigen Justiz • Schutz der persönlichen Freiheiten
Tatsächlicher Einparteienstaat (De Facto One- Party State)	• Regierung länger als 2 Perioden an der Macht, oder politisches oder Wahlsystem so ausgelegt das Dominanz einer bestimmten Regierung sichergestellt • Reguläre Wahlen werden wie in Verfassung verankert abgehalten • Aktive Präsenz von mehr als einer Partei • Nachweisliche Restriktionen für politische Nichtregierungsparteien (z.B. überproportionale Medienpräsenz der Regierungspartei, Schikanierung von politischen Gegnern und Parteien, Erschaffung von Hindernissen welche ausschließlich Oppositionsparteien betreffen, Wahlbetrug etc.)
Einparteienstaat von Rechts wegen (De Jure One- Party State)	• In Verfassung verankerte Einparteienregierung • Keine Anwesenheit von anerkannter Opposition
Autarchie	• Staatsführung durch Gruppe oder Einzelperson, keiner Abstimmung unterworfen, weder durch Militär noch von Rechts wegen

Quelle: eigene Darstellung nach PRS- GROUP 2007

Abb. 8: Politische Systeme im ICRG

Nach der Klassifizierung der analysierten Länder in Typen der Regierungsform wird jeder Indikator mittels eines Scoring Modells evaluiert. Die Ergebnisse der Evaluierung werden aggregiert und nach obig beschriebener Methode zu einem Risikorating zusammengefügt. Abb. 9 zeigt die 12 Komponenten für das Rating des politischen Risikos mit ihren maximal möglichen Punkten, die so auch die Gewichtung des Index widerspiegeln.

Die folgende Beschreibung der Inhalte der Risikoindikatoren beruht auf der Darstellung der PRS-GROUP (2007). Sie bildet eine wichtige Grundlage der in Kapitel 4.2 vorgenommenen statistischen Auswertung.

Die Variable *Regierungsstabilität* besitzt eine maximale Punktzahl von 12 und beschreibt zwei Kriterien. Zum einen die Fähigkeit der Regierung ihre deklarierten Programme umzusetzen, und zum anderen die Fähigkeit im Amt zu bleiben. Die Kriterien sind abhängig von den Subkomponenten Typ der Regierung, der Einigkeit in der Regierung, der Nähe zur nächsten Wahl, der Stärke der Gesetzgebung sowie der Unterstützung einer Regierung des Volkes. Die Komponente *sozioökonomische Bedingungen* beschreibt im Generellen die Zufriedenheit des Volkes mit ihrer Regierung. Sozioökonomische Faktoren beziehen sich auf ein breites Spektrum an Indikatoren. Beispielsweise können hohe Arbeitslosigkeit in einer Gesellschaft Streiks auslösen und Regierungsaktivitäten behindern oder soziale Unzufriedenheit zum Sturz einer Regierung führen.

Das *Investitionsprofil* misst Faktoren, die in ein Land einfließende Investitionen beeinflussen. Hauptsächlich bezieht sich die Evaluierung auf Enteignungsrisiken oder Vertragsbrüche, die Höhe von Besteuerungen oder Restriktionen bei der Rückführung von Profiten. *Interne Konflikte* messen den Grad politischer Gewalt und seinen Auswirkungen auf ein Land. Die niedrigste Punktzahl besitzen Länder, in denen Bürgerkrieg herrscht. Länder ohne eine bewaffnete Opposition, in denen sich die Regierung keiner außergewöhnlichen Gewalt ausgesetzt sieht und keine Gewalt gegenüber seiner Bevölkerung ausübt, bekommen hohe Punktzahlen zugesprochen. Bewertungen dazwischen sind sowohl abhängig von den Bereichen, die durch Gewalt betroffen sind, als auch von der Häufigkeit des Auftretens von Gewalt und dem Organisationsgrad gewalttätiger Gruppen. *Externe Konflikte* hingegen schätzen Risiken ein, die von außen auf ein Land einwirken. Diese Risiken können sich in diplomatischem Druck, der Zurückhaltung von Hilfsmitteln, Handelsrestriktionen, Gebietskonflikten, bewaffneten Konflikten, Grenzkriegen, Sanktionen etc. ausdrücken.

Komponente	Punkte (Max.)
Regierungsstabilität	12
Sozioökonomische Bedingungen	12
Investitionsprofil	12
Interne Konflikte	12
Externe Konflikte	12
Korruption	6
Militär in Politik	6
Religiöse Spannungen	6
Recht und Ordnung	6
Ethnische Spannungen	6
Übernahme demokratischer Verantwortlichkeit	6
Qualität der Verwaltung	4

Quelle: eigene Darstellung nach PRS- GROUP 2007

Abb. 9: Komponenten des ICRG Political Risk Index

Externe Konflikte können Unternehmungen und Investitionen in vielerlei Hinsicht betreffen und nachteilig beeinflussen: von Restriktionen für Unternehmen bis hin zu durch gewaltsame Prozesse hervorgerufene gesellschaftliche Neuordnungen.

Die Komponente *Korruption* misst das Vorhandensein von Korruption innerhalb eines politischen Systems und seinen Einfluss auf selbiges. Korruption kann ausländische Direktinvestitionen und Unternehmungen in vielerlei Hinsicht betreffen. Sie verzerrt die ökonomische Umwelt wie auch die Finanzumwelt eines Landes, sie verringert die Leistungsfähigkeit der Regierung, ihren Ministerien und Ämtern wie auch von Geschäften, indem sie Menschen ermöglicht, bestimmte Machtpositionen innerhalb eines Systems durch Ämterpatronage anstatt einer Qualifikation für gewisse Tätigkeiten einzunehmen. Nicht zuletzt sorgt sie für ein gewisses Maß an Instabilität bei politischen Prozessen. Für geschäftliche Tätigkeiten liegt die häufigste Ausprägung von Korruption bei der Zahlung von zusätzlichen Zahlungen und Bestechungsgeldern, die eng verknüpft sind mit Genehmigungen, Ein- und Ausfuhrlizenzen, Kontrollen des Zahlungsverkehrs, Steuerbemessungen, Polizeischutz oder Darlehen. Die Korruption kann Unternehmungen von leicht bis massiv behindern und bis zur Rücknahme oder Zurückhaltung von Investitionen führen.

Der Index bemisst zum einen die Unternehmen direkt betreffenden Ausprägungen der Korruption. Der weit wichtigere Aspekt bezieht sich jedoch auf die Analyse von Ämterpatronage, Nepotismus geheimer Parteienfinanzierung und zu engen Beziehungen zwischen Politikern und Wirtschaft. Laut PRS- GROUP (2007) sind die Risiken für ausländische Unternehmungen bei jenen Ausprägungen ungleich größer, da sie zu Unzufriedenheit und Unmut in der Bevölkerung, ineffizienten und nicht ausreichenden Kontrollen der Staatswirtschaft und der Entwicklung eines Schwarzmarktes führen. Das größte Risiko solcher Korruption ist, dass sie zu maßlos wird und durch einen ans Tageslicht kommenden extremen Skandal zum Sturz einer Regierung, oder im schlimmsten Fall zum Zusammenbruch der öffentlichen Ordnung führt, die ein Land zumindest zeitweise unregierbar macht.

Militär in der Politik wirkt sich zum einen auf eine Verminderung der demokratischen Verantwortlichkeit eines Landes aus, da das Militär durch niemanden gewählt wird, und somit die Bevölkerung nicht repräsentiert. Zum anderen kann eine gewählte Regierung durch militärischen Druck gezwungen werden, seine Politik zu ändern. Das größte Risiko besteht in einer schrittweisen Einführung einer Militärregierung. Dies mag kurzfristig zu einer politischen Stabilisierung von Prozessen und Zuständen in einem Land führen, wirkt langfristig aber in jedem Falle destabilisierend, da Korruption gefördert wird oder bewaffnete Oppositionen entstehen.

Religiöse Spannungen entstehen durch die Dominanz einer bestimmten religiösen Gruppe in einem Land, die versucht, Ziviles Recht durch Religiöses Recht abzulösen, andere religiöse Gruppierungen zu unterdrücken oder sie von politischen oder religiösen Prozessen auszuschließen. Ausländische Investoren können durch diese Prozesse in ihrer Unternehmung betroffen werden. *Recht und Ordnung* beschreibt die Stärke und Unbefangenheit eines Justizsystems und die Gesetzesachtung der Bevölkerung. Ethnische Spannungen messen den Grad von Spannungen in einem Land, welche durch Unterschiede der Abstammung, Nationalität oder Sprache einer Bevölkerung existieren.

Der Indikator der *Übernahme demokratischer Verantwortlichkeit* bemisst die Ansprechbarkeit und das Entgegenkommen einer Regierung gegenüber ihrer Bevölkerung, und das Vorhandensein von Bürgerrechten und politischer Freiheit in einem Staat. Hierbei wird angenommen, dass ein geringeres Entgegenkommen seitens der Regierung den Unmut in der Bevölkerung stärkt und eher zu einem Regierungssturz führt. Grundlage der Bepunktung ist die in Abb. 8 vorgenommene Einteilung des ICRG in politische Systeme. Die Variable *Qualität der Verwaltung* untersucht die institutionelle Stärke eines Systems bezogen auf abrupte politische Revisionen einer Regierung, die im Falle des Wechsels der regierenden Parteien eintreten. Eine starke Verwaltung erhält hohe Punktzahlen, da davon auszugehen ist, dass dramatische Politikänderungen unwahrscheinlicher sind.

Der ökonomische wie auch der finanzielle Risikoindex des ICRG werden aus jeweils 5 Variablen gebildet. Die Variabeln des ökonomischen Risikoindex sind:

   (i) BIP Pro-Kopf (0-5);

   (ii) Reales jährliches BIP-Wachstum (0-10);

   (iii) Jährliche Inflationsrate (0-10);

   (iv) Finanzbilanz in Prozent vom BIP (0-10);

   (V) Kontobilanz in Prozent vom BIP (0-15

Die Variablen des finanziellen Risikoindex lauten wie folgt:

   (i) Auslandsschuld in Prozent vom BIP (0-10);

   (ii) Auslandsschuld in Prozent des Exports von Waren und Dienstleistungen (0-10)

   (iii) Rechnungsbestand in Prozent des Exports von Waren und Dienstleistungen (0-15)

   (iv) Nettoliquiditätsreserven in Monaten der Importkosten für Verbrauchsgüter (0-5);

   (V) Währungskursstabilität (0-10)

HOTI/McALEER (2004:585) haben in ihrer Arbeit das Bewertungssystem des ICRG anhand von zwölf Entwicklungsländern aus sechs unterschiedlichen geographischen Regionen untersucht und kommen zu dem Schluss, dass die Zeitreihendaten des ICRG eine vergleichende Beurteilung der betrachteten Länder zulassen. Weiterhin wird die Unterteilung in ökonomische, finanzielle und politische Risikobewertung als Einzelbestandteile in einer Betrachtung des aggregierten politischen Länderrisikos als positiv und wichtig hervorgehoben. Die monatlich erscheinenden Daten der Länderrisiken können genutzt werden, um durch univariate oder multivariate ökonometrische Verfahren zukünftige Risiken von Staaten zu prognostizieren. Auch HOWELL und CHADDICK haben in ihrer von 1987-1992 stattfindenden Untersuchung herausgefunden, dass sich der ICRG gegenüber anderen untersuchten Länderratings besser zum prognostizieren und vorhersagen von Verlusten durch entstehende Risiken eignet (vgl. STOSBERG 2004:122).

3.3.4 Kritische Betrachtung von Länderratings

Länderratings besitzen einige Merkmale, die ihre Leistungs- und Aussagefähigkeit entscheidend begrenzen. Die dem Rating zugrunde liegenden Voraussetzungen der Bepunktung, der Gewichtung und der Definition der Schlüsselindikatoren ist oftmals nicht ausreichend erklärt. Dies hat zur Folge, dass eine Wiederholung der Beurteilung mit den exakt gleichen Ergebnissen kaum möglich ist. Auch die Zuverlässigkeit der für die Analyse eingesetzten Experten ist kritisch zu betrachten. Es kann nicht zwangsläufig davon ausgegangen werden, dass alle Panelteilnehmer gleiche Einstellungen bezüglich der genutzten Informationen vertreten. Dies kann darauf zurückgeführt werden, dass Experten häufig Angestellte von Unternehmen und Banken sind, welche zu den Nutzern der Systeme zählen. Es ist anzunehmen, dass in jenem Fall die Bepunktung die Präferenzen des Unternehmens oder der Institution widerspiegeln wird. So könnte der Faktor Unabhängigkeit bei der Erstellung einer Analyse nicht gegeben sein (vgl. EVERTZ 1992:36).

Ein weiterer Kritikpunkt ist, dass Indikatoren für jedes Land der gleichen Gewichtung unterliegen. Dies setzt voraus, dass beispielsweise makroökonomische oder politische Determinanten in jedem Land die gleiche Bedeutung und die gleichen Auswirkungen besitzen. Dem ist nicht so. Vielmehr können die Auswirkungen der Determinanten von Land zu Land differieren. Somit steht eine individuelle Bepunktung einzelner Länder einer starren Gewichtung der Variablen gegenüber (vgl. EVERTZ 1992:37). Eine Teillösung jenes Problems kann die Einteilung von Ländergruppen darstellen, bei denen je nach Gruppenzugehörigkeit die Gewichtung differenziert unterschieden wird. Weiterhin sorgt eine Aggregation von Daten immer für eine Generalisierung von verschiedenen, multidimensionalen Faktoren. Ein komplexer Sachverhalt wird so herabgestuft, um eine einheitliche Darstellung zu ermöglichen. Die Folge ist ein Informationsverlust (vgl. LUTHER/SETHI 1993:467).

Länderratings sind eher vergangenheitsorientiert. Die Daten werden mit einer zeitlichen Verzögerung aus der Vergangenheit herangezogen. Aus diesem Grund ist die Prognosefähigkeit zur Beurteilung zukünftiger Risiken eines Landes bei der überwiegenden Zahl der Indizes gering (vgl. STOSBERG 2004: 127). Auch kritisch zu betrachten ist die teils mangelhafte Verfügbarkeit von

Informationen. Für eine adäquate statistische Basis müssen diese Richtigkeit, Vollständigkeit und Vergleichbarkeit aufweisen (vgl. MEYER 1987:118).

Ein generelles Problem, welches alle Arten von Datenerfassung betrifft, besteht in der Selektivität von Daten. Lageeinschätzungen von Krisensituationen sind nur so gut, wie die zugrunde liegenden Daten. Es ist vorstellbar, dass staatliche Institutionen und Verwaltungsorgane versuchen, ein möglichst positives Bild des Landes zu vermitteln und eine selektive Informationspolitik betreiben. Daten, die an Erfassungsinstitute vergeben werden, können systematisch manipuliert sein, um eine vorliegende Situation zu verbessern oder negative Fakten zu verschweigen (vgl. LICHTLEN 1997:68; vgl. LUTHER/SETHI 1993:466).

Nach LICHTLEN (1997:68) ist der Kritikpunkt der Wertneutralität bei Länderratings relativierbar. Das Treffen von Annahmen ist bei zukunftsgerichteten Verfahren unumgänglich. Einfließende Wertvorstellungen, solang sie eine rationale Basis besitzen, sind nicht zwangsläufig als nachteilig anzusehen. Notwendig ist aber in jedem Fall die generelle Transparenz des Verfahrens wie auch der Ergebnisfindung. Trotz aller angeführten Kritikpunkte ist die Nutzung von Länderratings aufgrund ihrer intuitiven Logik und guten Vergleichbarkeit in der internationalen Finanz- und Unternehmenswelt weit verbreitet.

3.4 Makroökonomische und ökonometrische Analyseverfahren

Mit makroökonomischen Verfahren werden makroökonomische Krisensituationen untersucht. Ziel der Verfahren ist eine Prognose von Zahlungsbilanzproblemen. Hierfür werden Zahlungsbilanzströme und Kreditwürdigkeitsindikatoren miteinander kombiniert. Unterscheiden lassen sich zwei Vorgehensweisen. Bei Savings- Gap- Modellen (One- Gap- Modelle) wird versucht, das optimale Niveau der Auslandsverschuldung zu bestimmen. Sie untersuchen die Tragfähigkeit der Auslandsverschuldung unter Berücksichtigung des angestrebten Wirtschaftswachstums eines Landes (vgl. CLOES 1988:223). Two- Gap- Modelle hingegen zielen darauf ab, die Bedeutung spezifischer Importe für die wirtschaftliche Entwicklung eines Landes herauszustellen (vgl. CLOES 1988:231). Nach KOCHALUMOTTIL (2002:28) lässt sich zusammenfassend festhalten, dass makroökonomische Verfahren eher auf Feststellung von Bedarf ausgerichtet sind als auf die Beurteilung der Schuldendienstfähigkeit oder der Verschuldungsgrenzen eines Landes.

Ökonometrische Verfahren, auch als mathematisch- statistische Verfahren bezeichnet, sind in erster Linie darauf ausgerichtet, eine objektive Beurteilung der Schuldendienstfähigkeit eines Landes zu ermöglichen (vgl. CLOES 1988:238). Mittels statistischer Methoden wird versucht, durch die Identifikation bestimmter Parameter eine Prognose über zukünftige Zahlungsunfähigkeiten von Schuldnerländern zu erstellen. Anforderungen an die Indikatoren sind hierbei Verfügbarkeit, Frühzeitigkeit, Vollständigkeit und ihre Eindeutigkeit (vgl. KOCHALUMOTTIL 2002:28). Häufig genutzte Modelle sind lineare Diskriminanzmodelle, Logit- Modelle oder Cluster- Analysen (vgl. CLOES 1988:265ff.; LICHTLEN 1997:78ff.). Ökonometrische Verfahren sind einer Reihe von Kritikpunkten ausgesetzt:

- sie reduzieren komplexe Problematiken auf Kernelemente ohne Berücksichtigung von bestehenden Interdependenzen zwischen den Faktoren
- bei der Modellgenerierung wesentliche Einflussvariablen können zu einem späteren Zeitpunkt eine untergeordnete Bedeutung haben
- die Aktualität der Daten, z. B. im Bezug auf politische Entwicklungen, ist nicht gegeben
- Modellergebnisse besitzen zu hohe Abweichungen im Vergleich zur Realität. Grund hierfür können beispielsweise Hilfspakete des IWF sein um den Zahlungsausfall und somit eine Finanzkrise eines Landes zu verhindern, welche in Modellen keine Beachtung finden
- qualitative Faktoren können nur bedingt in statistischen Modellen berücksichtigt werden. Hierdurch bleiben möglicherweise wichtige Determinanten für Risikosituationen unberücksichtigt (vgl. LICHTLEN 1997:83).

Als Frühwarnsysteme für drohende Zahlungsunfähigkeiten von Staaten hingegen werden sie als sinnvolles Instrument eingestuft.

3.5 Zum Einfluss politischer Risiken auf ADI

Das folgende Kapitel betrachtet die Forschungsergebnisse bestehender empirischer Studien über den Einfluss von politischen Risiken auf ausländische Direktinvestitionen in Entwicklungs- und Schwellenländern. Grundsätzlich sind zwei verschiedene Formen von Ansätzen zu unterscheiden. Ein Teil der Studien besitzt einen direkten Ansatz. Diese Untersuchungen basieren auf einer Befragung von Entscheidungsträgern in international agierenden Unternehmen über ihre Meinung zum Einfluss von politischen Risiken auf das Investitionsverhalten ihres Unternehmens. Der andere Teil der Studien nutzt historische Länderdaten und untersucht den Einfluss von politischen

Risiken auf ADI anhand statistischer Modelle. Die erschienenen Studien konzentrieren sich teilweise eher auf ökonomische Faktoren und Variablen, teilweise besitzen sie eine eher politische Sicht der Zustände. Beide Betrachtungsweisen fußen auf denselben Annahmen, nämlich, dass ADI durch das Angebot determiniert werden. Dies beruht auf den Entscheidungen der investierenden Unternehmen (vgl. WAFO 1998:61). Die nachfragenden Staaten haben nur die Möglichkeit ihr Investitionsklima, abhängig von vielen Faktoren, hinsichtlich ADI soweit zu verändern, dass sie für ausländische Investoren attraktiv erscheinen.

3.5.1 Umfragebasierte Studien

Bei den empirischen Studien, welche auf Umfragen basieren, fanden die in den 60er Jahren erstellten Pionierstudien von BASI (1963), AHARONI (1966) und ROOT (1968) heraus, das politische Risiken Hauptdeterminanten beim Entscheidungsprozeß von Unternehmen auf der Suche nach einem geeigneten Investitionsstandort im Ausland sind. BASI setzte Briefumfragen bei internationalen Unternehmen als Befragungsinstrument ein. AHARONI führte Tiefeninterviews mit Entscheidungsträgern von 38 US- Unternehmen, die Unternehmungen im Ausland tätigen.

Aktuellere Studien belegten diese Ergebnisse. Die OECD (1994) führte eine Untersuchung durch, bei der Entscheidungsträger von 291 international tätigen Unternehmen aus einem Pool an Firmen über ihre Motive und Hindernisse bezüglich Investitionen befragt wurden. Als Hindernisse bei Investitionen wurden überwiegend bürokratische und gesetzgeberische Belange wie auch ein wechselhafter politischer Kurs genannt. Die IADB (2001) untersuchte in ihrer erschienenen Studie etwa 100 Unternehmen in jedem von 73 Ländern. In der Studie wurde nach Hindernissen für die jeweilige Unternehmung gefragt. Heraus kam, dass politische Instabilität ein bedeutendes Hindernis für die Geschäftätigkeit darstellt. MIGA (2002) analysierte in einer weltweit stattfindenden Untersuchung das Direktinvestitionsverhalten von 191 transnationalen Unternehmen. Die Haupterkenntnisse waren, dass 40 - 60% der befragten Unternehmen Krieg, Bedrohungen für ihre Belegschaft, Transferrestriktionen, Vertragsbruch, mangelhafte Durchsetzung von Gesetzen und Enteignungen als die größten Risiken für ausländische Direktinvestitionen ansahen. 64 % der befragten Unternehmen sahen eine stabile soziale und politische Umwelt als sehr einflussreichen Determinanten für ADI- Entscheidungen an, 36% betrachteten Korruption und 33% Kriminalität und Sicherheit als sehr wesentliche Faktoren.

3.5.2 Ökonometrische Studien

Die Ergebnisse der hier aufgezeigten ökonometrischen Studien, die Zusammenhänge zwischen politischen Risiken und ausländischen Direktinvestitionen untersuchen, fasst Tab. 1 zusammen. Die Tabelle beinhaltet die Autoren, die den Analysen zugrunde liegenden Methoden, und die Hauptresultate.

BALLEIS (1984) untersucht in seiner Arbeit den Zusammenhang zwischen Investitionsentscheidungen und politischer Instabilität in dem Zeitraum von 1961 – 1977 in 94 Ländern. Datenbasis sind zum einen das Welthandbuch der politischen und sozialen Indikatoren, zum anderen Direktinvestitionsdaten der deutschen Wirtschaft. Anhand einer multiplen Regressionsanalyse soll geklärt werden, welche Zusammenhänge zwischen dem realen Investitionsverhalten und politischen Instabilitätserscheinungen bestehen, wobei über die Stärke des Zusammenhangs geklärt wird, wie wichtig die Unternehmen einzelne Faktoren eingeschätzt haben. BALLEIS nutzt zwei Länderfiles, eins für Industrie- und Entwicklungsländer, das zweite ausschließlich für Entwicklungsländer. Hauptergebnisse der Untersuchung sind:

1. Die getesteten 17 politischen Ereignisvariablen leisten einen wesentlich geringeren Beitrag zur Erklärung von ADI, als angenommen.
2. Bezogen auf die Entwicklungsländer leisten die 17 Variablen einen deutlich geringeren Beitrag zur Erklärung von ADI, als in der Gruppe von Industrie- und Entwicklungsländern. Der Befund widerspricht vorherigen Annahmen.
3. Die Variablen gewinnen mit zunehmenden time- lags deutlich an Erklärungskraft. Bei einem time- lag von t=+7 lag die Erklärungskraft bei 43% der Varianz von ADI.
4. Bei unterschiedlichen time- lags besitzen nicht immer die gleichen, sondern verschiedene Erklärungsvariablen den größten Beitrag zur Erklärung von ADI.

SCHNEIDER/FREY (1985) nutzen in ihrer Querschnittsanalyse von 54 Entwicklungsländern zwei Variablen. Die erste misst vergangene und aktuelle Politiken von Ländern. Die zweite die Sichtweise des Investors über zukünftige Politiken des Ziellandes ihrer ADI. In der Studie sind beide Koeffizienten der Variablen auf dem 99% Niveau signifikant. Weiterhin ist die Anzahl von politischen Streiks und Unruhen negativ mit ausländischen Direktinvestitionen korreliert. Auch die Kosten für Arbeit besitzen einen negativen Einfluss auf ADI- Zuflüsse.

Tab. 1: Ökonometrische empirische Studien politischer Risiken

Autor	Methode	Haupterkenntnisse
Balleis (1984)	Längsschnittanalyse 94 Länder von 1961 - 1977	• Beitrag politischer Ereignisvariablen zur Erklärung von ADI geringer als angenommen • Beitrag in Industrieländern größer als in Entwicklungsländern
Schneider/ Frey (1985)	Querschnittanalyse von 54 Entwicklungsländern	• Negative Korrelation von Unruhen und Streiks mit ADI • Variable Sichtweise Investor zu 99% signifikant
Oseghale (1993)	Längsschnittanalyse lateinamerikanische Länder	• Für U. nachteilige Politikänderungen besitzen signifikant negative Korrelation mit ADI
Hausmann/ Arias (2001)	Panelanalyse lateinamerikanische Länder	• Stark negative Beziehung zw. Länderrisiko und Kapitalflüssen • Positiv signifikanter Einfluss institutioneller Qualität auf ADI • Mit steigendem BIP/E sinken ADI
Jost/Nunnenkamp (2002)	Panelanalyse von Zielländern deutscher ADI	• Länderrisiko besitzt signifikanten Einfluss auf Kapitalflüsse aus D.
Stosberg (2004)	Panelanalyse lateinamerikanische Länder von 1982 - 1997	• Aggregiertes pol. Risiko keine robuste Determinante für ADI • Makroökonomische Risiken nicht signifikant, soziokulturelle Risiken teilweise signifikant für ADI • Hohe Signifikanz regierungsbasierter Faktoren auf ADI
Busse/Hefeker (2005)	Panelanalyse von 83 Entwicklungsländern im Zeitraum von 1984 - 2003	• Signifikanz traditioneller Faktoren • Politische Risiken besitzen Einfluss auf ADI
Haizler (2008)	Panelanalyse im Zeitraum von 1993 -2006	• Enteignungen finden eher im ressourcenförderndem Sektor als in anderen statt • Trotz Enteignungsgefahr weiterhin ADI- Zuflüsse in ressourcenextrahierende Sektoren risikoreicher Länder

Quelle: eigene Darstellung

OSEGHALE (1993) analysiert mittels einer Zeitreihenanalyse den Einfluss politischer Risiken auf Investitionen US- amerikanischer Unternehmen in Lateinamerika. Haupterkenntnis ist die signifikant negative Korrelation einer Variablen mit ADI, welche nachteilige Politikänderungen des Empfängerlandes von ADI misst. Des weiteren besaßen Variablen, welche politische Instabilität und Konflikte mit anderen Staaten messen, in vielen Durchläufen signifikant negative Effekte. Die Ergebnisse erwiesen sich jedoch nicht in allen Modelldurchläufen als robust.

HAUSMANN/ARIAS (2001) analysieren in ihrer Studie mittels einer Panelanalyse den Einfluss von Länderrisiken auf ausländische Direktinvestitionen in lateinamerikanischen Ländern. Variablen sind beispielsweise die Qualität der Institutionen, die demokratische Verlässlichkeit einer Regierung, politische Instabilität und Gewalt, das Risikolevel und seine Entwicklung etc. Die Hauptbefunde der Studie lauten wie folgt:

1. Der Zufluss von ADI korreliert stark negativ mit dem BIP pro Kopf. Mit steigendem BIP pro Kopf sinkt der Zufluss an ADI.
2. Der Zufluss von ADI ist nicht abhängig von der Größe einer Volkswirtschaft.
3. Der Anteil von ADI in Kapitalflüssen steigt nicht mit zunehmender wirtschaftlicher Öffnung eines Landes, wohl aber die gesamten Kapitalflüsse.
4. Es besteht eine stark negative Beziehung zwischen Länderrisiko und Kapitalflüssen. Risikoreichere Länder bekommen weniger Kapitalzuflüsse. Im Gegensatz dazu ist der Anteil an ADI in den Kapitalflüssen höher. HAUSMANN/ARIAS (2001:26) ziehen hieraus den Schluss, dass ADI nicht zwangsläufig an politisch stabile Ökonomien gebunden sind.
5. Der Anteil an ADI in Kapitalflüssen steigt mit der Entfernung zum Herkunftsland.
6. Der finanzwirtschaftliche Entwicklungsstand einer Volkswirtschaft hat keine Auswirkungen auf die Bevorzugung von ADI, wohl aber auf die Gesamtmenge an Kapitalzuflüssen.
7. Die institutionelle Qualität besitzt einen stark positiven und signifikanten Einfluss auf ADI.

JOST/NUNNENKAMP (2002) untersuchen in ihrem Werk die Veränderung der Bestimmungsgründe deutscher Direktinvestitionen in Reform- und Schwellenländern korrelations- und regressionsanalytisch. Der Arbeit liegt die Vermutung zugrunde, dass sich die Motive ausländischer Direktinvestitionen immer mehr von einer reinen Orientierung auf die Märkte der Gastländer zu einer Weltmarkt- und Effizienzorientierung verlagern, und dass somit anzuzweifeln ist, ob frühere Erkenntnisse zu Bestimmungsgründen von ADI noch Gültigkeit besitzen (vgl. JOST/NUNNENKAMP 2002:1). Nach JOST/NUNNENKAMP im Bezug auf DUNNING und seine Theorie des eklektischen Paradigmas haben sich die Möglichkeiten von transnational agierenden Unternehmen, Märkte im Ausland zu durchdringen, sich den Zugang zu Ressourcen zu verschaffen und Wertschöpfungsketten zu zergliedern, um die Effizienz von Produktionssystemen zu erhöhen, im Zuge der steigenden weltwirtschaftlichen Vernetzung erweitert.

Die Analyse baut auf drei Grundsteinen. Erstens einer Untersuchung von strukturellen Verschiebungen in der Verteilung von deutschen Direktinvestitionen. Zweitens der Einschätzung der Bedeutung nicht traditioneller Gründe von ADI mittels einfacher Korrelationsanalysen. Drittens Regressionsanalysen zur Prüfung des Bedeutungsverlustes von marktbezogenen Faktoren für die Standortentscheidungen von Investoren. Haupterkenntnisse der Analyse sind:

1. Die Korrelationsanalyse ergibt, dass deutsche Direktinvestitionen in den Entwicklungs- und Reformländern weiterhin durch eine starke Binnenmarktorientierung geprägt sind und eine generell gestiegene Bedeutung nicht- traditioneller Determinanten von ADI nicht erkennbar ist.

2. In der Regressionsanalyse besitzt das Länderrisiko ab Mitte der 90er Jahre einen signifikanten Einfluss auf Kapitalflüsse aus Deutschland.

STOSBERG (2004) untersucht in seinem Werk den Einfluss politischer Risiken auf Direktinvestitionen in Lateinamerika. Für sein ökonometrisches Modell nutzt er ein Panel aller lateinamerikanischen Länder von 1982 – 1997. Aufgrund mangelnder Datenverfügbarkeit werden die Karibischen Länder von der Untersuchung ausgeschlossen. Um den Einfluss politischer Risiken zu isolieren, werden Variablen in das Modell integriert, welche andere Determinanten von ADI kontrollieren. Grundlage des Modells ist eine Empfindlichkeitsanalyse von LEAMER (1983:32ff; 1985:309ff.). Das von ihm entworfene Modell der „Extrem Bounds Analysis" fußt auf der Grundannahme, dass sich eine untersuchte Erklärungsvariable bei kleinen Änderungen des Modells weiterhin als robust - also statistisch signifikant- erweisen muss, um eine gute Aussagekraft bei der Interpretation von Ergebnissen zu besitzen. Ist dies nicht der Fall, ist bei einer Interpretation von Resultaten der Variablen Vorsicht geboten. STOSBERG teilt die Variablen bei seiner Untersuchung ein nach (vgl. STOSBERG 2004:147):

-   als Bestimmungsfaktoren für ADI nicht kontrovers diskutiert robusten X- Variablen
-   im eigentlichen Interesse des Untersuchers liegenden Y- Variablen
-   als Determinanten für ADI angezweifelten Z- Variablen.

Die Y- Variablen, welche politische Risiken messen, sind unterteilt in drei Gruppen, welche zusammen das Maß des aggregierten politischen Risikos ergeben. Die Gruppen sind makroökonomische Risiken, Risiken die ihren Ursprung in staatlichen Handlungen haben und Risiken mit Ursprung in der Gesellschaft.

Die wichtigsten Resultate der Untersuchung sind:

1. Die Variable des aggregierten politischen Risikos ist keine robuste Determinante für ADI-Zuflüsse nach Lateinamerika.

2. Makroökonomische politische Risiken besitzen in allen getesteten Modellen keinen signifikanten Einfluss auf ADI- Zuflüsse. Investoren reagieren nicht empfindlich auf makroökonomische Unausgeglichenheiten in Lateinamerika. Dies kann zwei Gründe haben. Zum einen werden makroökonomische Schwächen von Investoren durch andere Vorteile kompensiert. Sie werden aus diesem Grund hingenommen, solange nicht andere Krisenerscheinungen dazukommen. Zum anderen unternehmen alle lateinamerikanischen Staaten seit den krisenreichen 80er Jahren Anstrengungen stabilisierende Reformen durchzuführen (vgl. STOSBERG 2004:155). Dies wirkt positiv auf Investoren.

3. Risiken mit soziokulturellen Hintergründen waren auf dem 10% Level in nahezu allen Regressionen signifikant, bei 5% in der Hälfte der Untersuchungen. Nach der Interpretation des Autors besaßen jene Risiken im Untersuchungszeitraum somit eine untergeordnete Rolle für Investoren bei der Standortsuche in Lateinamerika. Dies resultiert daraus, dass im untersuchten Zeitraum nahezu alle Länder zumindest über ein gewisses Maß an gesellschaftlicher und politischer Stabilität verfügten, und großflächige gewalttätige Ausschreitungen, mit Ausnahme des Bürgerkriegs in Kolumbien, keine Bedrohung darstellten (vgl. STOSBERG 2004:156).

4. Der Indikator zur Messung politischer Risiken, welcher auf dem Zustand und den Handlungen der Regierung basiert, besitzt in allen getesteten Regressionen eine Signifikanz auf dem 99%- Niveau und ist somit robust. In den Indikator fließen der Zustand der Verwaltung, das Korruptionslevel, das Risiko von Enteignungen, das Nichtanerkennen von abgeschlossenen Verträgen und der POLCON- Index (vgl. HENISZ 2002:51ff.) mit hinein. Somit stellen regierungsbezogene Risiken eine wichtige Erklärungsvariable für ADI- Zuflüsse in lateinamerikanische Länder dar.

BUSSE/HEFEKER (2005) analysieren in ihrer Studie die Verknüpfung von politischen Risiken, Institutionen und ausländischen Direktinvestitionszuflüssen. Sie nutzen verschiedene ökonometrische Modelle zur Analysierung eines Datensatzes, um die für Entscheidungen multinationaler Unternehmen wichtigsten Indikatoren zu identifizieren Der Datensatz umfasst 83 Entwicklungsländer in einem Untersuchungszeitraum von 1984 – 2003. In der eigentlichen Analyse werden 12 unterschiedliche Indikatoren zur Messung des politischen Risikos anhand von zwei ökonometrischen Modellen untersucht. Die Haupterkenntnisse der Arbeit stellen sich wie folgt dar:

1. Traditionelle Determinanten (Marktgröße, Handelsfreiheit, BIP-Wachstum) von ADI sind auf dem 1% Niveau signifikant und besitzen somit anwährende Bedeutung für ADI.

2. Die untersuchten Indikatoren von politischen Risiken sind bis auf eine Ausnahme mindestens auf dem 10%- Niveau statistisch signifikant, viele auf dem 5%- oder 1%- Niveau. D. h. Länder mit geringeren politischen Risiken und besserer institutioneller Umwelt besitzen höhere Zuflüsse von ADI.

3. Die wichtigsten Risikofaktoren für Investoren sind Regierungsstabilität, Investitionsprofil, interne wie externe Konflikte, öffentliche Ordnung, ethnische Spannungen und demokratische Verlässlichkeit, alle auf dem 99%- Niveau signifikant.

HAIZLER (2008) erforscht in seiner Arbeit den Zusammenhang von Enteignungen bei ausländischen Direktinvestitionen im Rohstoff extrahierenden Sektor von 1993 - 2006. Die Studie basiert auf Erkenntnissen, dass Enteignungen in der Vergangenheit wesentlich häufiger in rohstofffördernden Industriebereichen stattgefunden haben als in anderen. Die aus der Untersuchung hervorgehenden Resultate sind, dass Länder, die seit 1993 Enteignungen im Rohstoffsektor vollzogen haben, nach wie vor relativ hohe Zuflüsse an ADI in diesen Bereichen - hauptsächlich Minenwirtschaft sowie Gas- und Petroleumförderung- verzeichnen konnten. Der spezifische Anteil an ADI im primären Sektor an den Gesamtzuflüssen von ADI in diesen Ländern ist sogar höher als in Staaten, welche keine Enteignungen vornahmen. HAIZLER (2008:45ff.) besitzt folgende Erklärungen für diese Erkenntnisse: hochrisikoreiche Länder, beispielsweise Bolivien und Venezuela als Länder, welche in der jüngeren Vergangenheit Besitztümer enteigneten, offerieren Rechte zum Abbau von Mineralien günstig an Investoren, womit deren Gewinne steigen. Dies erhöht den Anreiz von Investoren, Produktionsstandorte in diesen Staaten zu errichten. Der Zufluss an ADI im Rohstoffsektor mit erhöhten Enteignungsrisiken geht einher mit einer Abnahme oder gleich bleibend niedrigen Zuflüssen von ADI in Nichtressourcensektoren, da Enteignungen eine Gefährdung von Anlagen und Kapital der Investoren bedeuten. Für die enteignenden Staaten wiegt der erwartete Wert der enteigneten Anlagen höher als abnehmende ADI- Zuflüsse in anderen Bereichen und kompensiert somit diese Verluste. Nicht enteignende Staaten hingegen vergeben Abbaurechte restriktiver und somit teurer. Aus diesem Grund sind ihre ADI- Zuflüsse im Rohstoffsektor trotz vielfach reichem Angebot geringer.

3.5.3 Zusammenfassende Bemerkungen

Der Überblick über existierende Studien politischer Risiken zeigt, dass umfragebasierte Studien einen starken Einfluss politischer Risikofaktoren auf ADI nachweisen. Für die befragten Manager waren hauptsächlich institutionelle Rahmenbedingungen und die politische Stabilität an Investitionsstandorten von Belang. Die Resultate der angeführten ökonometrischen Studien weisen größtenteils gleiche Erkenntnisse auf. Lediglich die frühe Arbeit von BALLEIS (1984) kommt zu dem Schluss, dass politische Risiken in Entwicklungsländern einen geringen Erklärungsbeitrag auf ADI besitzen, der zwar bei zunehmenden time- lags ansteigt, dennoch kaum von Relevanz ist. Nach BALLEIS (1984:400f.) liegt der Hauptgrund der nicht in dieser Form erwarteten Untersuchungsergebnisse in der ungenügenden Qualität von dem vorliegenden Datenmaterial begründet. Alle anderen angeführten Studien weisen signifikante Einflüsse politischer Risikofaktoren auf ADI nach. Die Werke sind in ihrer Untersuchungsmethodik und der Modellnutzung verschieden. Die Relevanz der untersuchten Faktoren für Unternehmen, die eine Internationalisierung ihrer Unternehmenskapazitäten anstreben, wird jedoch deutlich. Interessant ist das Ergebnis von HAUSMANN/ARIAS (2001), die einen sinkenden Zufluss von ADI bei steigendem BIP pro Kopf nachweisen. Dieses Ergebnis ist divergent zu dem anderer Studien, in dem das BIP eine stark positive Korrelation zu ADI besitzt, z. B. JOST/NUNNENKAMP (2002) oder BUSSE/HEFEKER (2005). Alle Studien, die institutionelle Risikofaktoren von Ländern analysiert haben, kommen zu dem Schluss, dass diese einen starken Einfluss auf ADI besitzen.

Mit den betrachteten Erkenntnissen anderer Forschungsarbeiten schließt der theoretische Teil der vorliegenden Analyse. Die beschriebenen Resultate beweisen die unternehmensrelevante Bedeutung politischer Risikodeterminanten für ausländische Direktinvestitionen in Entwicklungs- und Schwellenländern. Im sich anschließenden empirischen Teil des Buches wird nunmehr die Relevanz verschiedener Risikodeterminanten auf ADI in Lateinamerika untersucht. Die Emerging Markets von Lateinamerika sind, wie Kapitel 4 darstellt, in vielerlei Hinsicht interessant für unternehmerische Investitionen. Dennoch besitzen sie zum Teil Rahmenbedingungen, die unternehmerische Prozesse ggf. negativ beeinflussen können. Die folgende Untersuchung leistet einen Beitrag zur Identifikation unternehmensrelevanter politischer Risikofaktoren in Lateinamerika.

4. Ausländische Direktinvestitionen und politische Risiken in Lateinamerika

4.1 Der Wirtschaftsraum Lateinamerika

4.1.1 Gesamtwirtschaftliche und sozioökonomische Faktoren

Innerhalb der Weltwirtschaft stellt Lateinamerika mit einem Anteil von etwa 5% des globalen BIP und 5,6% am Weltexport die viertgrößte Region nach der Klassifikation der Wirtschaftsregionen der Weltbank dar (vgl. WELTBANK 2008a). Die Region umfasst ca. 550 Millionen Einwohner. Ihr Außenhandel ist seit 1993 konstant schneller gewachsen als der Welthandel insgesamt. Das durchschnittliche Wirtschaftswachstum der gesamten Region lag im Jahr 2007 bei rund 6,5%, im Gegensatz zum durchschnittlichen Zuwachs der Weltwirtschaft von 3,7%. Bei der Positionierung in der Weltwirtschaft spielt der Reichtum Lateinamerikas an Bodenschätzen, Energieressourcen und landwirtschaftlichem Potenzial eine wichtige Rolle. Bis Ende des Jahres 2007 lag eine ständig steigende Nachfrage nach Rohstoffen von expandierenden Volkswirtschaften Asiens vor, die neben der Binnenkonjunktur eine entscheidende Rolle zum Wirtschaftswachstum des Raumes beigetragen haben. Lateinamerika ist längerfristig in der Lage, Öl und Gas, Metalle, Kunststoffe und Agrarerzeugnisse an nachfragende Staaten zu liefern (vgl. LAI 2008:2).

Die Binnennachfrage nach Konsum- und Investitionsgütern stieg im Jahr 2007 um 7,7% an. Die Bruttoanlageinvestitionen verzeichneten im gleichen Jahr einen Anstieg um 12,2% und erreichten somit einen Anteil von 21,1% am BIP. Die Binnensparquote lag bei 21,2% des BIP. Insgesamt hat sich die makroökonomische Basis Lateinamerikas verstärkt. Die internationalen Währungsreserven sind auf 440 Milliarden US$ angestiegen, der Anteil der Auslandsschulden zum BIP ist zurückgegangen, die Belastungen für Schuldendienste, wie auch Staatsschulden und Staatsdefizite gingen zurück. Weiterhin gehen viele Länder zunehmend zu einer eher stabilitätsorientierten Fiskal- und Geldpolitik über, was eine Verringerung der Anfälligkeit der Volkswirtschaften Lateinamerikas gegenüber externen Schocks bedeutet und die Widerstandsfähigkeit gegenüber innenpolitischen Spannungen erhöht. Das Inflationstempo der Region ist jedoch im Jahr 2007 von 5% auf fast 6% gestiegen (vgl. LAI 2008:3).

Trotz zunehmender Widerstandskraft Lateinamerikas gegenüber extern stattfindenden Prozessen hängt die wirtschaftliche Entwicklung der Region stark von der Entwicklung der Weltwirtschaft ab. Nach LAI (2008:5) ist im Jahr 2008 mit einem abgeschwächten Wirtschaftswachstum von 4,2% zu rechnen.

Momentan bleibt abzuwarten, welche Entwicklung die lateinamerikanischen Märkte im Zuge der weltweiten Finanzkrise nehmen. Die starke weltweite Konjunkturabkühlung und die befürchteten weltweiten Rezessionen im Jahr 2009 sowie die Schwäche der internationalen Aktienmärkte werden auch an den Ländern Lateinamerikas nicht spurlos vorüberziehen. Die volkswirtschaftlichen Konsequenzen des Abflauens der Weltkonjunktur besitzen eine geographisch differenzierte Ausprägung innerhalb des Kontinents. Die stark mit der US- Wirtschaft verflochtene mexikanische Wirtschaft beispielsweise hat bei konjunkturellen Problemen in den USA mit unmittelbaren Folgen zu rechnen. Ähnliches ist im karibischen Raum der Fall. Der südliche Teil Lateinamerikas jedoch profitiert von der stärkeren geographischen Diversifizierung seines Außenhandels. So ist die EU ein wichtiger Handelspartner des MERCOSUR (Mercado Común del Sur), aber auch Märkte Asiens. Weiterhin nimmt der Binnenhandel innerhalb Südamerikas zu. Ein Problem für südamerikanische Länder ergibt sich aber gerade durch ihre Fixierung auf das Angebot an Rohstoffen. Seitdem gegen Ende 2008 die Nachfrage Chinas an Rohstoffen stark gesunken ist, sind auch die Preise und somit die Profite durch Rohstoffe stark abgesunken. Dies dürfte ernsthafte Konsequenzen für einige südamerikanische Länder mit sich bringen.

Die fossilen Energieressourcen in Lateinamerika sind sehr ungleich verteilt. Venezuela verfügt über große Öl- und Erdgasreserven, Bolivien besitzt hohe Erdgasvorräte, in Kolumbien und Peru sind immense Kohlevorkommen vorhanden, Chile gehört zu den Ländern, welche weltweit über die größten Kupfervorkommen verfügen, Brasilien ist der drittgrößte Uranproduzent der Welt und kann ebenso wie Mexiko auf gewaltige Erdölvorkommen zugreifen. Dagegen verfügen viele Staaten Mittelamerikas nur über eng begrenzte Energieressourcen. Einen positiven Beitrag zur wirtschaftlichen Entwicklung Lateinamerikas leistet seine Einbindung in bilaterale, regionale und internationale Freihandelsabkommen wie die Gespräche im Jahr 2008 mit der WHO. Ein Voranschreiten dieser Prozesse verbessert die Rahmenbedingungen von internationalem Handel und birgt Wachstumchancen für die Länder Lateinamerikas.

Problematisch für die Region sind die seit Beginn des Jahres 2006 durchschnittlich um 15% pro Jahr gestiegenen Lebensmittelpreise. Die Preise wichtiger Getreidesorten verdoppelten sich zwischen der Mitte des Jahres 2007 und April 2008. Dies führt zu einer Verschärfung der Armutssituation in einigen Ländern und gefährdet die politische und soziale Stabilität in ihnen. Am stärksten betroffen sind Länder in Zentralamerika und der Karibik. Im Jahr 2008 kam es z. B. in Haiti zu gravierenden Ausschreitungen aufgrund eines Mangels an Lebensmitteln. Produzentenländer wie Argentinien oder Brasilien, aber auch Bolivien und Paraguay profitierten jedoch von diesem Entwicklungen (vgl. WELTBANK 2008a).

Lateinamerika ist geprägt von ernsten Strukturproblemen, welche negative Auswirkungen auf seine internationale Wettbewerbsfähigkeit besitzen. Hierzu zählen ein unzureichendes Bildungs-Ausbildungs- und Innovationsniveau, eine vielfach unterentwickelte Infrastruktur sowie ein von Rechtsunsicherheit und ineffizient arbeitender Verwaltung geprägtes, nur eingeschränkt attraktives Geschäftsklima (vgl. LAI 2008:9). Die Region Lateinamerika besaß von 1975 – 2005 eine Wachstumsrate der Bevölkerung von 1,8%. Für die Jahre 2005 – 2015 beträgt die prognostizierte Zunahme 1,2%, wobei der Anteil der Bevölkerung unter 15 Jahren bei rund 25%, also einem Viertel der Bevölkerung liegt. Im Jahr 2004 besaßen 91% der Bevölkerung Zugang zu sauberem Trinkwasser. Die Lebenserwartung lag in den Jahren 2000 – 2005 bei durchschnittlich 72,2 Jahren, die Säuglingssterberate im Jahr 2005 bei 26 auf 1000 Neugeborenen. Die Alphabetisierungsrate betrug im Jahr 2005 etwa 90% bei den Erwachsenen über 15 Jahren und knapp 97% bei den Jugendlichen unter fünfzehn. Das durchschnittliche BIP/ Kopf lag bei rund 5000 US$, bei einer jährlichen Wachstumsrate von 1,2% von 1990 – 2005 (vgl. UNDP 2008:246ff.). Die offizielle Arbeitslosenrate in Lateinamerika liegt nur bei 8%. Die Erhebungsmethoden hierfür sind jedoch fraglich. In Lateinamerikas Städten verdient etwa die Hälfte aller Beschäftigten ihren Lebensunterhalt im informellen Sektor, der insgesamt rund ein Viertel des BIP der Region entspricht. Die Arbeit in jenem Sektor ist schlecht entlohnt. Weiterhin besteht kaum bis kein Zugriff auf Sozialleistungen.

Krasse Einkommensunterschiede stellen ein Schlüsselproblem Lateinamerikas dar. Zwar entsteht in einigen Ländern langsam eine Mittelschicht, jedoch leben etwa 35% aller Lateinamerikaner in Armut mit weniger als zwei US$ pro Tag. Bei den Einkommensdisparitäten zwischen Arm und Reich steht Lateinamerika an der Spitze aller Weltregionen. Die größten Disparitäten sind in Bolivien, Brasilien, Kolumbien und Panama zu verzeichnen. Ihr Gini- Index, der das Maß der Gleich- oder Ungleichverteilung des Einkommens in einem Land aufzeigt, liegt bei rund 60. Im Durchschnitt besitzen die ärmsten 20% der Bevölkerung in jenen Ländern einen 2,5%-igen Anteil aller Einnahmen und Ausgaben im Land, die reichsten 20% hingegen etwa 60% (vgl. UNDP 2008:281ff.). Ein Problem, welches zu großen Teilen durch starke Einkommensunterschiede entsteht ist die Kriminalität. Viele Länder Lateinamerikas haben eine hohe Kriminalität zu verzeichnen, welche von ländlichen Regionen zur Stadt zunimmt.

Sowohl die starken sozialen Differenzen in der Gesellschaft, als auch die, trotz zunehmend gefestigter demokratischer Strukturen existierende mangelhafte Beteiligung der Bevölkerung an Entscheidungsprozessen in einigen Ländern, liefert populistischen Politikern mancherorts die Grundlage für Erfolge. Beispielsweise in Bolivien oder Venezuela. Auf die populistisch regierten Staaten Lateinamerikas entfallen momentan jedoch nur ca. 8% des BIP (vgl. LAI 2008:9). Zurzeit ist nicht absehbar, dass diese Entwicklung sich auf andere Staaten ausweitet und die wirtschaftliche Entwicklung innerhalb der ganzen Region in Frage gestellt wird. Die überwiegende Zahl aller Staaten, ob sozialdemokratisch oder konservativ regiert, setzt weiterhin auf Integration in Märkte als auf Abschottung von ihnen.

4.1.2 Ausländische Direktinvestitionen in Lateinamerika

Lateinamerika stellt seit langer Zeit ein Ziel internationaler Kapitalflüsse dar. Durch seinen Reichtum an natürlichen Ressourcen zog die Region schon seit der Entdeckung durch die Spanier die Aufmerksamkeit von Ausländern auf sich. Die ausländischen Investitionen konzentrierten sich bis zum Ende des neunzehnten Jahrhunderts größtenteils auf ressourcenfördernde Industrien und Plantagenwirtschaft (vgl. STOSBERG 2004:143).

Im zwanzigsten Jahrhundert zog die steigende Nachfrage nach Ressourcen wie Öl, Kupfer, Bauxit und auch nach Bananen als Exportgut beschaffungs- und faktororientierte ADI an. Der Hauptteil der Investitionen kam aus den USA. Hinzu kamen bis zu den 60er Jahren des vergangenen Jahrhunderts markt- und absatzorientierte ADI im produzierenden Sektor, besonders in den drei großen Volkswirtschaften der Region: Argentinien, Brasilien und Mexiko. Die Zuflüsse stagnierten in den 60er und 70er Jahren, in denen sich viele lateinamerikanische Länder vom Weltmarkt abkoppelten und der Strategie der Importsubstituierenden Industrialisierung folgten. Einer Vielzahl von Investoren und Unternehmen wurde seitens lateinamerikanischer Regierungen nahe gelegt, ihre Besitztümer an den Staat zu verkaufen. Die Kontrollrechte ausländischer Unternehmer über ihre Besitztümer wurden eingeschränkt. Die Freiheit des Handels wurde durch zusätzliche Steuererhebungen, Währungskontrollen als auch Im- und Exportrestriktionen stark limitiert (vgl. STOSBERG 2004:143f.).

In den 80er Jahren wuchs der Zufluss ausländischer Direktinvestitionen wie aus Abb. 10 hervorgeht nur langsam. Die Investitionen verlagerten sich vom Rohstoffsektor weiter in den Produktionsbereich hinein. Die Verschuldungskrise vieler lateinamerikanischer Volkswirtschaften in den 80ern führte zu einem Umdenken in ihrer wirtschaftlichen Ausrichtung. Beginnend in den späten

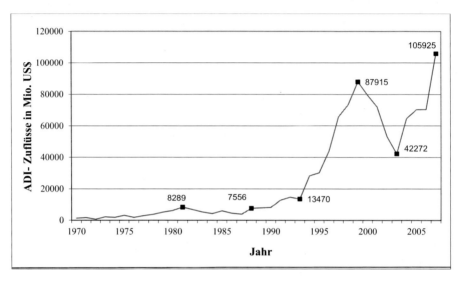

Quelle: eigene Darstellung nach Daten der WELTBANK 2008a und Economic Commision for Latin America and the Caribbean (ECLAC) 2008

Abb. 10: Nettozuflüsse ADI nach Lateinamerika von 1970 – 2007 in Millionen US$

80er Jahren war die Wirtschaftsregion Lateinamerika vielerorts gekennzeichnet durch wirtschaftliche Öffnung und Liberalisierung.

Ab Mitte der 90er Jahre stiegen die ADI- Zuflüsse in Lateinamerika aufgrund von Privatisierungen vormals staatlich geführter Unternehmen sprunghaft von rund 13,5 Milliarden US$ im Jahr 1993 auf knapp 88 Milliarden US$ in Jahr 1999 an (vgl. ECLAC 2008:3). Die privatisierten Unternehmen lagen überwiegend im Bereich der öffentlichen Dienstleistungen, beispielsweise in der Telekommunikation, bei Finanzdienstleistungen oder auch im Segment der Stromversorger (vgl. STOSBERG 2004:144).

Im Jahr 2000 bezog Lateinamerika rund 50% aller in Entwicklungsregionen der Welt geflossenen Direktinvestitionen, gefolgt von den Regionen Ostasien & Pazifik und Europa & Zentralasien mit 27% bzw. 15% (vgl. WELTBANK 2008a). Im Zeitraum zwischen 2000 und 2003 brachen die

Investitionszuflüsse nach Lateinamerika wie aus Abb. 10 ersichtlich um über 50% ein. Auslöser dieses Prozesses war die Anfang des Jahrtausends stattgefundene Argentinien- Krise, die mit dem Zusammenbruch des Finanzsystems und dem Bankrott des Staates 2001/2002 ihren Höhepunkt erreichte. Hinzu kam ein starker Einbruch der Kapitalzuflüsse nach Brasilien. Brasilien war zwar nicht direkt von der Argentinien- Krise betroffen, da seine Exporte nach Argentinien einen geringen Umfang besaßen. Doch durch die Argentinien- Krise wurden Investoren aufmerksam und registrierten, dass auch ein großes, ökonomisch wichtiges Land einen Staatsbankrott erleiden kann. Brasilien besaß zu dieser Zeit eine Staatsverschuldung von rund 60% des BIP des Landes. Als in brasilianischen Meinungsumfragen der Präsident der Arbeiterpartei, Luiz Inacio „Lula" da Silva stark zulegte, welcher öffentlich gefordert hatte, den Schuldendienst auf die Auslandsschulden einzustellen, zogen viele Investoren aus Angst vor der Erklärung eines Staatsbankrotts im Falle eines Wahlsiegs Lulas ihr Geld aus dem Land ab, ohne das sich die makroökonomischen Rahmendaten des Landes geändert hatten (vgl. DULLIEN 2003:9).

Abb. 11 stellt die geographische Verteilung von ADI- Zuflüssen in Entwicklungsregionen im Jahr 2006 dar. Der Anteil Lateinamerikas an weltweiten Direktinvestitionszuflüssen ist auf knapp 20% gesunken. Stark angestiegen sind Investitionen nach Europa & Zentralasien.

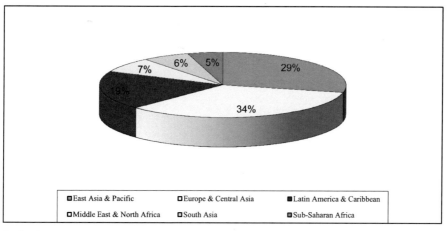

Quelle: eigene Darstellung nach Daten der WELTBANK 2008a

Abb. 11: Verteilung von ADI- Zuflüssen in Entwicklungsregionen im Jahr 2006

Die Hauptgründe des starken Anstiegs von ADI in Europa & Zentralasien beruhen auf der fortschreitenden Transformation und der zunehmenden Demokratisierung und Stabilisierung der östlichen politischen Systeme in der Region sowie der räumlichen Nähe zu Westeuropa.

Wie aus Tabelle 2 hervorgeht, stiegen die Zuflüsse von ADI nach Lateinamerika von 2006 - 2007 stark um 46% auf einen historischen Höchstwert von ca. 105 Milliarden US$ an. Besonders in

Tab. 2: ADI- Zuflüsse an lateinamerikanische Länder nach Empfängerland von 1993-2007
(in Millionen US$ und Prozent)

	Jährlicher Durchschnitt			2006	2007	Differenz 2006-2007	Differenz 2006-2007 in %
	1993-1997	1998-2002	2003-2007				
Brasilien	8 015	26 463	19 345	18 782	34 585	15 803	84
Mexiko	10 681	18 946	20 594	19 211	23 230	4 019	21
Chile	3 332	5 000	8 056	7 358	14 457	7 100	96
Kolumbien	2 410	2 290	6 094	6 464	9 028	2 565	40
Argentinien	5 629	9 202	4 360	5 037	5 720	683	14
Peru	2 443	1 539	2 864	3 467	5 343	1 876	54
Costa Rica	343	552	1 082	1 469	1 889	420	29
Panama	502	651	1 429	2 574	1 825	-749	-29
Dom. Republik	266	997	1 160	1 459	1 698	239	16
El Salvador	22	448	555	219	1 526	1 305	597
Uruguay	135	233	775	1 399	879	-520	-37
Trinidad und Tobago	510	736	892	883	830	-53	-6
Honduras	65	259	608	674	816	142	21
Venezuela (Bol. Rep. of)	2 111	3 408	1 234	-590	646	1 236	...
Bahamas	91	160	463	706	580	-126	-18
Guatemala	89	325	280	354	536	182	51
Nicaragua	100	235	262	282	335	53	19
Ecuador	545	870	530	271	179	-92	-34
Bolivien	370	814	86	278	164	-114	-41
Paraguay	140	127	74	110	142	32	29
Belize	26	36	84	100	92	-8	-8
Andere karibische Staaten (Schätzwerte)	518	1 017	1 469	2 079	1 425	-654	-31
Südamerika	25 131	49 946	43 417	42 574	71 143	28 568	67
Mexiko und karibisches Becken	13 211	24 364	28 838	30 0101	34 782	4 772	16
Total	38 342	74 310	72 254	72 585	105 925	33 340	46

Quelle: eigene Darstellung nach Daten der Economic Commission for Latin America and the Caribbean 2008:23

Südamerika stiegen die Zuflüsse explosionsartig, um 67% vom Jahr 2006 - 2007. Ausschlagge-bend für diesen steilen Anstieg waren nicht die zur Jahrtausendwende durchgeführten Privatisie-rungen von Staatseigentum, sondern ein wiederkehrendes Vertrauen von Investoren in die Region aufgrund zunehmender makroökonomischer Stabilität vieler Staaten als auch anhaltend hohen Preisen für Rohstoffe und andere in der Region produzierte Waren (vgl. ECLAC 2008:21). Die sechs größten Empfängerländer ausländischer Direktinvestitionen 2007 waren Brasilien, Mexiko, Chile, Kolumbien, Argentinien und Peru. Bei der Betrachtung von Argentinien zeigt sich, dass sich das Land nur langsam von den Folgen seiner Staatskrise erholt. Ehemals zweitgrößter Emp-fänger von ADI mit einem Spitzenwert von ca. 24 Milliarden US$ an Zuflüssen im Jahr 1999 (vgl. WDI 2008) betrug der Zuwachs im Gegensatz zu anderen großen Empfängerländern nur 14% von 2006 - 2007.

Interessant ist die Betrachtung der ADI- Zuflüsse in die Länder Bolivien und Venezuela. Beide Länder werden zurzeit populistisch regiert. Venezuela von Hugo Chavez seit 1998 und Bolivien von Evo Morales seit 2005. In der jüngsten Vergangenheit verstaatlichten beide Länder Privatei-gentum im Erdöl- bzw. Erdgassektor und verschärften Regulierungen bezüglich des freien Han-dels von Waren (vgl. HAIZLER 2008:45ff; TRISTRAM 2007:15f.). Die durchschnittlichen jähr-lichen Zuflüsse von ADI betrugen im Zeitraum 2003 – 2007 in Venezuela nur noch etwa 36% des durchschnittlichen Zuflusses von 1998 – 2002, in Bolivien sogar nur noch 10% (eigene Be-rechnungen). Im Bezug zur Thematik dieses Buches wäre folgende These denkbar: die politi-schen Risiken durch staatliche Handlungen der Regierungen beider Ländern haben sich für Inves-toren im betrachteten Zeitraum substanziell erhöht, und sind somit verantwortlich für den Rück-gang der Zuflüsse.

Abb. 12 enthält die offiziell erhältlichen Statistiken zur sektoralen Verteilung von ausländischen Direktinvestitionen in den Hauptempfängerländern Lateinamerikas im Jahr 2007. Die dargestell-ten Daten enthalten für eine Interpretation zum Teil wichtige Lücken, welche einen direkten Ver-gleich innerhalb der Länder unmöglich machen und keine genaue Aggregation erlauben. Die Un-terbrechungen resultieren einerseits aus unterschiedlichen Erhebungsmethoden innerhalb der Länder, andererseits aus teilweise fehlenden, nicht in Statistiken dargestellten Kategorien der sektoralen Verteilung von ADI.

In Chile werden beispielsweise bestimmte Typen von Reinvestitionen nicht integriert, was zur Unterbewertung von Investitionen bei natürlichen Rohstoffen führt. In Peru zählen Investitionen im Hydrocarbonatsektor nicht zu Natürlichen Ressourcen, was ebenfalls zu einer Unterbewertung jenes Sektors führt. Argentinien führt für das Jahr 2007 gar keine offiziellen Statistiken bezüglich der sektoralen Verteilung von ADI (vgl. ECLAC 2008:27).

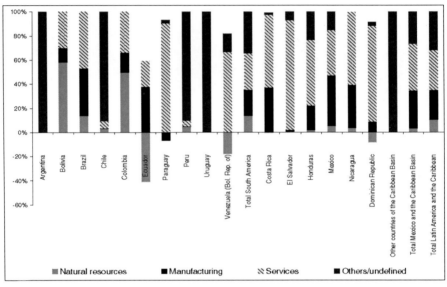

Quelle: Economic Commission for Latin America and the Caribbean (ECLAC) 2008:27

Abb. 12: Sektorale Verteilung der ADI- Zuflüsse in Lateinamerika nach Ländern, 2007

Dennoch lassen die in Abb. 12 dargestellten Daten einige Rückschlüsse zu (vgl. ECLAC 2008:27):

1. Die Verteilung von ADI innerhalb der Staaten ist extrem heterogen verteilt.

2. ADI im Sektor der natürlichen Rohstoffe besitzen in Südamerika eine stärkere Bedeutung als in Mexiko und dem karibischen Becken, ADI im produzierenden Sektor hingegen besitzen eine relativ höhere Bedeutung in Mexiko und dem karibischen Becken, als in Südamerika.

3. Soweit eine Aggregation der vorhandenen Daten möglich ist, zeigt sich, dass der überwiegende Teil der ADI im Jahr 2007 im Dienstleistungssektor getätigt wurde.

Die drei größten Investorenländer in Lateinamerika im Jahr 2007 waren USA, Niederlande und
Spanien. Die Niederlande haben in den letzten Jahren Spanien als zweitgrößten Investor überholt.

Wie schon im Kapitel 2.1.1 beschrieben, lassen sich ausländische Direktinvestitionen in vier verschiedene Strategien oder Hauptmotive von Investoren unterscheiden. Generell suchen Unternehmen nach einer Möglichkeit, natürliche Rohstoffe zu explorieren, Zugang zu lokalen oder
regionalen Märkten zu gewinnen, die Produktionskosten für Exportwaren in Drittländer zu reduzieren oder für ein Unternehmen strategische Vorteile in Form von Wissen, Technologie oder
geschulten Arbeitskräften zu erwerben. Diese stilisierte Klassifizierung von Motiven hilft dabei,
die Determinanten und Effekte unterschiedlicher Typen von Investitionen zu verstehen, Haupt-
tendenzen von ADI zu identifizieren und Hauptaufgaben herauszustellen, die dazu beitragen, dass
der Zufluss von ADI so viel wie möglich zur Entwicklung des Empfängerlandes beisteuert (vgl.
ECLAC 2008:35).

In Lateinamerika unterliegen die getätigten Investitionen ausländischer Unternehmen beschaf-
fungs- und faktororientierten Motiven, markt- und absatzorientierten Motiven sowie kosten- und
erstragsorientierten Motiven. Zwar unterhalten einige Unternehmen Forschungszentren im
Dienstleistungs- und Technologiesektor, dennoch ist die Region für MNU kein Hauptzielort für
ADI im Bereich des Erwerbes strategischer Vorteile. Diese Aussage bedeutet nicht, dass beispielsweise in Bereichen wie der Minenwirtschaft oder auch der Landwirtschaft Forschung in
lateinamerikanischen Ländern nicht betrieben wird (vgl. ECLAC 2008:36).

Beschaffungs- und faktorkostenorientierte Investitionen werden überwiegend in Südamerika getätigt. Der Bereich profitierte im Jahr 2007 von der anhaltenden Nachfrage auf den internationalen Märkten, besonders von China. Seit 2005 überstiegen die Investitionen in der Minenwirtschaft die Investitionen im Hydrocarbonatmarkt (vgl. ECLAC 2008:50ff.). *Markt- und absatzorientierte* Investitionen werden in ganz Lateinamerika getätigt, die Präferenz liegt bei den großen
Märkten. Aufgrund einer positiven wirtschaftlichen Wachstumsentwicklung der Region, gesun-
kenen Arbeitslosenquoten in vielen Ländern, gestiegenen Reallöhnen und einer Abnahme von
Armut verzeichneten sie für 2007 ein hohes Wachstum (vgl. ECLAC 2008:36ff.).

Kosten- und ertragssteigernde Investitionen werden hauptsächlich in der Region um Mexiko und im karibischen Becken getätigt. Wie schon vorherig beschrieben, sind Mexikos Wirtschaft und somit Investitionen für die Produktion oder Veredelung von Exportprodukten eng mit der US-Wirtschaft verflochten. Die Gesamtinvestitionen in Mexiko stiegen im Jahr 2007 leicht an. Dies beruht jedoch auf Investitionen in nicht produzierende Unternehmungen (vgl. ECLAC 2008:58ff.).

Für das Jahr 2008 liegen dem Autor keine Daten über Direktinvestitionen in Lateinamerika vor. Die Güterwirtschaft Lateinamerikas ist von den Turbulenzen an den internationalen Finanzmärkten kaum betroffen worden, dennoch ist nach Schätzungen der ECLAC mit einem Absinken des Zuflusses von ausländischen Direktinvestitionen zu rechnen.

4.2 Statistische Analyse des Einflusses von Risikodeterminanten auf ADI

4.2.1 Methodologie
Die folgenden Kapitel untersuchen den Einfluss politischer Risikodeterminanten auf Zuflüsse ausländischer Direktinvestitionen in Lateinamerika anhand einer Panelanalyse, welche Querschnittsbetrachtungen als auch Längsschnittbetrachtungen in die Analyse integriert. Die Analyse wird anhand der Software SPSS vorgenommen. Nach BAGALTI (2005:4ff.) bietet die Nutzung von Paneldaten einige Vorteile gegenüber reinen Querschnitt- oder Längsschnittanalysen. Zum einen erlauben sie die Analyse von dynamischen Anpassungen, da zu jeder Einheit wiederholte Beobachtungen vorliegen, zum anderen liegt eine breitere Informationsbasis durch die Einbeziehung verschiedener Länder in die Analyse vor. Paneldaten enthalten mehr Variation innerhalb der genutzten Variablen und ermöglichen eine effizientere Schätzung der Gleichung durch eine Erhöhung der Anzahl an Freiheitsgraden als herkömmliche Längs- oder Querschnittsanalysen. Weiterhin bieten sie Lösungsansätze bezüglich beobachteter und unbeobachteter Heterogenität der Variablen, die bei der zeitlichen wie auch bei der Betrachtung zwischen Ländern bestehen kann.

Hintergrund dieser Untersuchung sind die speziellen Risiken, welche für ausländische Investoren in den Emerging Markets existieren. Diese liegen zu großen Teilen in institutionellen Bereichen eines Staates, und sind somit eng verbunden mit seiner Regierung und ihren Handlungen. Die vorliegende Untersuchung nutzt Erkenntnisse der in Kapitel 3.2 betrachteten Studien und knüpft an ihnen an. Insbesondere sind in diesem Zusammenhang die Werke von STOSBERG (2004) und BUSSE/HEFEKER (2005) zu erwähnen, welche belegen, dass die Bestimmungsgründe und Faktoren politischer Risiken einen Einfluss auf den Zufluss ausländischer Direktinvestitionen ausüben. Speziell die Faktoren, welche direkt oder indirekt auf Regierungshandlungen fußen, besitzen eine hohe statistische Signifikanz für ADI.

Die vorliegende Studie untersucht Determinanten des Politischen Risikos im Zeitraum von 1996 – 2006 für den Wirtschaftsraum Lateinamerika. Ziel der Analyse ist es, Resultate darüber zu bekommen, ob die in vorherigen Arbeiten festgestellten Abhängigkeiten auf Direktinvestitionszuflüsse für den hier untersuchten Zeitraum weiterhin von Relevanz sind.

Der Datensatz umfasst 20 lateinamerikanische Länder, für die vollständige Daten zur Verfügung stehen. Tabelle 3 beinhaltet die Länderliste.

Tab. 3: Länderauswahl

Argentinien, Bolivien, Brasilien, Chile, Costa Rica, Dominikanische Republik, Ecuador, El Salvador, Guatemala, Haiti, Honduras, Jamaika, Kolumbien, Mexiko, Nicaragua, Panama, Paraguay, Uruguay, Venezuela

Quelle: eigene Darstellung

Die Länder ohne vollständigen Datensatz werden von der Auswertung ausgeschlossen, um mögliche Fehlerquellen zu vermeiden. Alle analysierten Länder mit Ausnahme von Haiti, welches zu den Ländern mit niedrigem Einkommen zählt, befinden sich nach Weltbankklassifikation der Pro- Kopf- Einkommen in den Klassen der unteren mittleren- und oberen mittleren Einkommen, mit einem Pro- Kopf- Einkommen zwischen 936 und 11455 US$ im Monat (vgl. WELTBANK 2008a).

Die in der Analyse verwendeten Indikatoren zur Messung politischer Risikodeterminanten sind Subindikatoren des International Country Risk Guide (ICRG), erhoben von der Political Risk Service Group (PRS), deren Erhebungsmethoden in Kapitel 3.3.4 ausführlich besprochen wurden. Da die in jenem Kapitel beschriebenen Einzelindikatoren nicht kostenfrei verfügbar sind, nutzt diese Studie aggregierte Subindikatoren, welche im Rahmen der Erhebung der World Governance Indikatoren 2008 der Weltbank öffentlich zugänglich sind (vgl. WELTBANK

2008b). Die nachfolgend untersuchten Indikatoren, einschließlich der in ihnen enthaltenen Aspekte, lauten wie folgt:

- Voice and Accountability (*VOIACC*) misst die Wahrnehmung der Bürger, sich an der Wahl ihrer Regierung zu beteiligen, die Freiheit der Meinungsäußerung, die Vereinigungsfreiheit und Pressefreiheit und den militärischen Einfluss in der Politik. Der Indikator aggregiert die Subkomponenten *Militär in der Politik* und *Übernahme demokratischer Verantwortlichkeit*.

- Political Stability and Absence of Violence (*POLVIO*) quantifiziert die Wahrscheinlichkeit, dass eine Regierung aufgrund verfassungswidriger und/oder gewalttätiger Einflüsse destabilisiert oder gestürzt wird. In ihm enthalten sind die Komponenten *Stabilität der Regierung, interne Konflikte, externe Konflikte* und *ethnische Spannungen*.

- Government Effectiveness (*GOVEFF*) beurteilt die *Qualität der Verwaltung* und misst somit die institutionelle Stärke eines Landes. Sie beurteilt weiterhin die Kraft der Verwaltung bei wechselnden Regierungen oder Politiken ungehindert weiter zu arbeiten.

- Regulatory Quality (*REGQUAL*) steht für das *Investitionsprofil* eines Landes und misst Operationsrisiken für Unternehmen, ihre Besteuerung, Vertragsbrüche und Kosten für Arbeit.

- Rule of Law (*RULLAW*) repräsentiert *Recht und Ordnung* und somit die Stärke und Unabhängigkeit des Justizwesens eines Staates wie auch die Einhaltung bestehender Gesetze durch die Bürger.

- Control of Corruption (*CORR*) beurteilt die *Anwesenheit von Korruption* in einem politischen System, welche die ökonomische und finanzwirtschaftliche Umwelt beeinflusst und die Effizienz von Regierung wie Unternehmungen reduziert.

Jeder der Indikatoren liegt auf einer Skala von 0 bis 1 in Schritten von 0,1 vor. Höhere Werte kennzeichnen geringeres Risiko und eine bessere institutionelle Umwelt. Je näher ein Wert an 0 liegt, desto größer und instabiler sind die dem Indikator zugrunde liegenden Risiken und Verhältnisse. Die in dieser Analyse genutzten Indikatoren gelten als hochqualitative Erhebungen politischer Risiken und Institutionen und werden in verschiedenen Studien verwendet (vgl. JOST/NUNNENKAMP 2002; STOSBERG 2004; BUSSE/HEFEKER 2005).

Es ist anzunehmen, dass alle in diesem Buch genutzten Indikatoren politischer Risiken in Beziehung miteinander stehen, da sie alle die Qualität von Institutionen aus verschiedenen Sichtweisen messen. Zur Darstellung ihrer Beziehungen untereinander wird eine Korrelation vorgenommen. Um die Beziehungen der Risikovariablen zu dem BIP pro Kopf aufzuzeigen, wird die Variable *log GDP* in die Korrelation integriert. Tab. 4 stellt die durchschnittliche Korrelation der Variablen im Zeitraum von 1996 – 2007 dar.

Aus der Tabelle wird ersichtlich, dass alle sechs Indikatoren zur Messung politischer Risiken in Lateinamerika untereinander signifikant positive Korrelation unterschiedlicher Stärke aufweisen. So ist die Demokratische Verantwortlichkeit (VOIACC) einer Regierung mit ihrer Effizienz und Qualität der Verwaltung (GOVEFF) verknüpft. Die partielle Korrelation liegt bei 0,584. Es kann also davon ausgegangen werden, dass eine Zunahme an demokratischen Prozessen in einem Land

Tab. 4: Korrelationsmatrix

Variable	log GDP	VOIACC	POLVIO	GOVEFF	REGQUAL	RULLAW	CORR
log GDP	1,00						
VOIACC	,568**	1,00					
POLVIO	,354**	,432**	1,00				
GOVEFF	,631**	,584**	,288**	1,00			
REGQUAL	,306**	,475**	,281**	,410**	1,00		
RULLAW	193*	,292**	,320**	,162*	,050	1,00	
CORR	,147	,217**	,314**	,341**	,092	,449**	1,00

** Die Korrelation ist auf dem Niveau von 0,01 (2-seitig) signifikant.
* Die Korrelation ist auf dem Niveau von 0,05 (2-seitig) signifikant.

Quelle: eigene Darstellung, eigene Berechnungen nach Daten der WELTBANK 2008a,b

einhergeht mit einer effizienteren Tätigkeit ihrer Verwaltungen und Ministerien. Auch zeigt sich, dass eine Zunahme demokratischer Prozesse und der Abwesenheit von Militär in der Regierung (VOIACC) in einem Land mit einer Abnahme von politischer Instabilität und dem Auftreten von internen wie externen Konflikten und ethnischen Spannungen (POLVIO) einhergeht. Die partielle Korrelation liegt bei 0,432. Die Variable zur Messung von Recht und Ordnung (RULLAW) in einem Staat korreliert mit einem partiellen Korrelationswert von 0,449 mit dem Vorhandensein von Korruption in einem Staat. Das Resultat ist gut nachvollziehbar, da ein Staat, welcher eine zu lasche Strafverfolgung von Korruptionsvergehen besitzt, wenig abschreckende Wirkung gegenüber der Nutzung von Korruption hat, und diese somit vermehrt auftritt. Andersherum ist es auch vorstellbar, dass die Unabhängigkeit der Justiz eines Staates unter hoher Korruption leidet. Weiterhin zeigen vier der sechs aufgezeigten Indikatoren des politischen Risikos mäßig starke bis starke positive Beziehungen zum BIP pro Kopf. Dies lässt den Rückschluss zu, dass wohlhabendere Länder geringere politische Risiken aufweisen und bessere Institutionen besitzen.

Die Korrelationsergebnisse beschreiben die Beziehung der Variablen untereinander. Sie geben aber keine Auskunft über ihren Einfluss auf ausländische Direktinvestitionsflüsse nach Lateinamerika im Untersuchungszeitraum. Es ist anzunehmen, wie die in Kapitel 3.5.2 aufgezeigten Ergebnisse früherer Studien belegen, dass die dargestellten Risikofaktoren eine positive Beziehung zu ADI aufweisen, da geringere Risiken mehr Sicherheit für Kapital und Besitz von Investoren bedeuten. Jedoch ist noch keine Aussage über den exakten Einfluss der verwendeten Indikatoren und ihre Bedeutung für ADI- Zuflüsse nach Lateinamerika im Untersuchungszeitraum möglich. Aus diesem Grund werden im Hauptteil der Untersuchung Regressionen durchgeführt, mit dem Zweck, Aufschluss über Einflüsse politischer Risiken auf Direktinvestitionen aufzuzeigen. Als abhängige Variable in den folgenden Regressionen werden die ADI- Nettozuflüsse pro Kopf in derzeitigen US$ genutzt (*FDI*). Aufgrund der Einbindung des Faktors pro Kopf fließt die relative Marktgröße eines Landes mit in die abhängige Variable hinein. Der Indikator unterliegt eigenen Berechnungen auf der Datengrundlage der WDI 2008.

Auf der Seite der unabhängigen Variablen stehen Determinanten von ADI, zu denen zusätzlich die Indikatoren der politischen Risikomessung einfließen, deren Effekte dann geschätzt werden. Die Determinanten ausländischer Direktinvestitionen sind breit gefächert und in ihrer Relevanz unter Forschern oftmals kontrovers diskutiert (vgl. BUSSE/HEFEKER 2005:6f.). Neben den nicht- robusten Determinanten von ADI existieren einige, welche in verschiedenen Analysen als robuste Determinanten identifiziert wurden (vgl. CHAKRABARTI 2001:102ff.; UNITED NATIONS 1992:23ff.; WEZEL 2005:27ff.). Die nachfolgend vorgestellten Faktoren zählen zu den robusten Determinanten von ADI. Zudem zählen sie zu den in Kapitel 2.2.4.1 beschriebenen wirtschaftlichen Risikodeterminanten eines Staates.

Den wohl wichtigsten Determinanten zur Erklärung ausländischer Direktinvestitionen stellt die Marktgröße eines Landes dar, gemessen über das Bruttoinlandsprodukt (BIP) oder das Bruttonationaleinkommen (BNE) pro Kopf dar. Die Marktgröße eines Landes stellt einen wichtigen Faktor für diejenigen Unternehmen dar, welche markt- und absatzorientierte Investitionsstrategien im Ausland verfolgen und für den lokalen Markt produzieren möchten.

Einen weiteren wichtigen Aspekt ausländischer Direktinvestitionen liefern hohe Wachstumsraten von BIP oder BNE in ausländischen Märkten. Sie signalisieren den Unternehmen die Möglichkeit, hohe Erträge aus ihren Investitionen zu ziehen, und erhöhen somit ihre Investitionsbereitschaft für einen Standort. Es bleibt zu bemerken, dass hohe Wachstumsraten eines Marktes auch auf ADI zurückzuführen seinen können, was zu Problemen bei ihrer Interpretation führen kann. Eine dritte wichtige Determinante von ADI, welche häufig in empirischen Analysen verwendet wird, ist die Handelsoffenheit eines Landes, gemessen durch den Anteil der Im- und Exporte zum BIP (vgl. BUSSE/HEFEKER 2005; JOST/NUNNENKAMP 2002; STOSBERG 2004). Der Indikator wird als Maßstab von Handelsbarrieren und Restriktionen bewertet, welche Transaktionskosten von Unternehmen anheben. Für horizontale ADI können sie ein Schutzinstrument ausländischer Investoren vor Importprodukten von Wettbewerbern darstellen. Vertikale exportorientierte ADI finden allerdings eher in offenen Ökonomien statt. Nach CHAKRABARTI (2001:107) ist die Handelsoffenheit eines Landes in der Regel positiv mit ADI korreliert.

BUSSE/HEFEKER (2005:8) betonen die Stabilität der makroökonomischen Politik eines Landes neben starken Wachstumsraten als wichtige Bestimmungsfaktoren von ADI. Geringe Haushalts- oder Leistungsbilanzdefizite wie auch niedrige Inflation und Zinssätze erhöhen die Sicherheit von ausländischen und inländischen Investitionen, setzen Transaktionskosten herab und können somit positive Auswirkungen auf ADI- Zuflüsse besitzen. Aus diesem Gründen bietet sich eine Nutzung der Inflationsrate als Komponente der Regressionsanalyse an, da diese Hinweise auf mögliche Unwegsamkeiten monetärer oder fiskalischer Politiken von Staaten gibt.

Resultierend aus den obig beschriebenen Determinanten ausländischer Direktinvestitionen ergeben sich vier Kontrollvariablen für die mittels Reggressionsanalyse untersuchten politischen Risikokomponenten.

1. Das Bruttoinlandsprodukt pro Kopf in derzeitigen internationalen US Dollar (*GDP*) als Variable der Marktgröße (Quelle: WDI 2008)

2. die reale Wachstumsrate des Bruttoinlandsprodukt pro Kopf in Prozent (*GROWTH*) als Indikator des Marktpotenzials (Quelle: WDI 2008)

3. der Anteil an Importen und Exporten zum BIP (*TRADE*) als Maßstab der Handelsoffenheit eines Landes (Quelle: WDI 2008)

4. der BIP- Deflator (*INFL*) zur Kontrolle makroökonomischer Unwegsamkeiten in einem Land (Quelle: WDI 2008)

Es wird angenommen, dass die ersten drei Variablen positiv mit den Zuflüssen ausländischer Direktinvestitionen in Verbindung stehen, der BIP- Deflator zur Kontrolle von inflationären Prozessen hingegen negativ mit ADI verbunden ist. Bei einem Test wiesen die Variablen untereinander keine starken Korrelationen auf.

4.2.2 Modell Spezifikation

Folgend der obig beschriebenen Methodologie der Untersuchung wie auch der Darstellung der Variablen, werden in diesem Abschnitt die Beziehungen zwischen den Zuflüssen von ADI und deren Verbindung zu politischen Risikofaktoren untersucht. Für den Untersuchungszeitraum von 1996 – 2006 werden jährliche Durchschnittswerte der Variablen verwendet. Der Zeitraum von 1996 – 2002 liegt in Zwei- Jahres- Abständen vor, danach in einjährigen Messungen, so dass pro untersuchter Variable acht Beobachtungspunkte vorliegen, welche zu einer Grundgesamtheit von N=160 bei der folgenden Panelanalyse führen. Nach BUSSE/HEFEKER (2005:9) wird bei der Überzahl der in der empirischen Literatur zu ADI- Flüssen erstellten Studien der Logarithmus der Investitionszuflüsse und der unabhängigen Variablen genutzt. So auch in der folgenden Analyse bei der abhängigen Variable und den Kontrollvariablen. Die Transformation besitzt den Vorteil, einer bei Paneldaten häufig vorkommenden Heteroskedastizität, d. h. einer unterschiedlichen Streuung der Residuen innerhalb einer Datenmessung, entgegenzuwirken. Eine Ausnahme stellt die Variable *GROWTH* dar. Aufgrund einer Vielzahl von negativen jährlichen Wachstumsraten des reellen BIP pro Kopf in den Ländern im beobachteten Zeitraum, welche die Grundgesamtheit des Datensatzes zu stark reduzieren würden, werden die untransformierten Werte genutzt. Dennoch reduziert sich der Datensatz durch Verwendung des Logarithmus der Direktinvestitionszuflüsse pro Kopf um etwas über 1% auf eine Grundgesamtheit eines nun unbalancierten Panels von N=158 durch negative ADI- Zuflüsse in Bolivien 2005 und Venezuela 2006. Dies kann zu einer leichten Verzerrung der Ergebnisse führen, wird aber in Kauf genommen. Um dem Problem der Multikollinearität zwischen den Risikovariablen entgegenzuwirken, werden diese einzeln einer Benchmarkregression der Kontrollvariablen hinzugefügt.

Für die Analyse von Paneldaten stehen verschiedene Verfahren zur Verfügung. Häufig unterliegen Paneldaten der Annahme von Heterogenität zwischen den untersuchten Individuen (Beobachtungsträger) und/oder der Zeit (vgl. BAGALTI 2005:11ff; HSIAO:2003:27ff.). Im Fall der vorliegenden Analyse könnte man davon ausgehen, dass jedes untersuchte Land über den untersuchten Zeitraum spezifische Effekte bezüglich ADI- Zuflüssen aufweist, welche über den Zeitraum dennoch gleiche Einflüsse besitzen. Beispiele hierfür sind bestimmte Anreizstrukturen für Investoren oder die Ausstattung eines Landes mit Rohstoffen. Somit würde eine einfache OLS- Regression (Ordinary Least Squares) oder auch gepoolte Regression, welche nur eine Regressionskonstante enthält, zu einer verzerrten Schätzung führen, da sie diese länderspezifischen Effekte nicht berücksichtigt. Um der Heterogenität zwischen den Ländern Rechnung zu tragen, stehen das Fixed- Effects- und das Random- Effects- Modell als grundlegende statistische Ansätze zur Verfügung. SPSS bietet keine speziellen Analyseroutinen für Modelle mit Paneldaten. Aus diesem Grund ist die Berechnung eines Random- Effekt- Modells nicht möglich. Das Modell wurde anhand der Software STATA geprüft.

Beim Fixed- Effects- Modell fließt für jedes Land in der Gleichung eine eigene Konstante mit in die Regression hinein. Dies geschieht durch die Einbeziehung von N-1 Dummy- Variablen für die Länder in der Regressionsanalyse. Hierdurch wird die Regressionskonstante für jedes Land separat geschätzt. Bei den Modelldurchläufen erwies sich das Fixed- Effect- Modell als nicht effiziente Schätzung. Bei der Benchmarkregression der vier Kontrollvariablen war das Bestimmtheitsmaß der Gleichung mit einem R^2 von fast 0,8 zwar sehr hoch, aber keine der genutzten Kontrollvariablen wies signifikante Effekte auf ADI- Zuflüsse aus. Die Ursache hierfür kann sein, dass zu wenige Beobachtungen für die einzelnen Länder vorliegen, was zu einer verfälschten Schätzung der Regressionskonstanten und ihrer Signifikanz führt (vgl. SCHRÖDER 2006:280). Die Prüfung eines Random- Effect- Modells erbrachte die gleichen Resultate.

SCHRÖDER (2006:284) führt in seiner Abhandlung an, dass Paneldaten unter bestimmten Umständen in einer gepoolten Regression per OLS geschätzt werden können. Hierfür wird zunächst getestet, ob in dem für die Analyse verwendeten Paneldatensatz überhaupt individuelle Effekte vorhanden sind. Möglichkeiten hierfür bieten sowohl der F- Test als auch der Breusch- Pagan- Test. Für die vorliegende Analyse wurde der Breusch- Pagan- Test gewählt, der mit den Residuen der OLS- Regression arbeitet und überprüft, ob ihre geschätzte Varianz abhängig von den Werten der unabhängigen Variablen ist. Mit anderen Worten überprüft der Test, ob Heteroskedastizität zwischen mehreren unabhängigen Variablen vorliegt und die OLS- Schätzung der Regressions- koeffizienten ineffizient ist und ggf. verzerrte Ergebnisse ausweist (vgl. ECKEY; KOSFELD; TÜRCK 2005:84ff.). Der Test zeigt, dass die ermittelte Prüfgröße von 6,16 den kritischen Wert von 11,07 nicht übersteigt. Heteroskedastische Störgrößen können somit nicht nachgewiesen werden. Die Nutzung einer OLS- Schätzung mit nur einer Konstante für alle 20 Länder der fol- genden Analyse ist also möglich.

Um dennoch gewisse regionale Unterschiede zwischen den betrachteten Ländern mit einfließen zu lassen, wird eine Dummyvariable der Pro- Kopf- Einkommen nach der Weltbankklassifikation (vgl. WDI 2008) mit in die Gleichung integriert. Damit die Gleichung keine Überbewertung Hai- tis als einziges Land mit niedrigem Pro- Kopf- Einkommen enthält, welches nur geringe Zuflüsse von ADI verzeichnet, wird Haiti der Klasse der unteren mittleren Einkommen zugeordnet. So liegen zwei Dummyvariablen des Pro- Kopf- Einkommens vor, die jeweils zehn Länder beinhal- ten. Um keine perfekte Multikollinearität zwischen den Dummyvariablen zu erhalten, fällt eine der beiden Dummyvariablen heraus. Daraus ergibt sich folgende Schätzgleichung für das OLS- Modell:

$$\log FDI_{it} = \beta_0 + \beta_1 DUM\_INCOME + \beta_2 \log GDP_{it} + \beta_3 GROWTH_{it} + \beta_4 \log TRADE_{it} + \beta_5 INFL_{it} + \beta_6 POLRISK_{it} + \varepsilon_{it}$$

Wobei β_0 die Regressionskonstante darstellt, β_1 den Länder- Dummy des Pro- Kopf- Einkom- mens, β_2 - β_5 die vier integrierten Kontrollvariablen, $\beta_6 POLRISK$ die sechs Indikatoren der untersuchten politischen Risikodeterminanten, welche einzeln zu der Benchmarkregression zuge- fügt werden und ε für den Fehlerterm der Residuen steht. Die tiefgestellten Zeichen it identifi- zieren die beobachteten Länder i und Perioden t.

Eventuell bestehende Kollinearitäten zwischen den Kontrollvariablen in dem Modell wurden mittels Kollinearitätsdiagnostik in SPSS überprüft. Die Überprüfung des VIF- Wertes (Variance Inflation Factor) ergab VIF- Werte zwischen 1 und 2,3. Nach ECKSTEIN (2008:201) geben erst Werte größer als fünf einen Hinweis auf eine ausgeprägte Kollinearität zwischen den jeweiligen Regressoren.

Ein oftmals auftretendes Problem insbesondere bei Zeitreihen- und Panelanalysen ist die Auto-korrelation der Residuen unterschiedlicher Perioden miteinander. Autokorrelation kann wie Hete-roskedastizität zu verzerrten Schätzergebnissen und nicht korrekten Regressionskoeffizienten führen (vgl. ECKEY; KOSFELD; TÜRCK 2005:97). Zur Modellüberprüfung wird die Autokor-relation erster Ordnung der Kontrollvariablen bei einem 95%igen Konfidenzintervall untersucht. Das Testergebnis zeigt, dass der Autokorrelationkoeffizient mit einem Wert von 0,294 eine signi-fikante positive Autokorrelation aufweist, wenngleich diese mit einem Wert von unter 0,3 nicht stark ausgeprägt ist. Auch der für die Regressionen vorgenommene Durbin- Watson- Test weist auf eine leichte Autokorrelation der Residuen hin. Bei der Benchmarkregression der Kontrollva-riablen lag er bei d=1,4. Je nach Erklärungsbeitrag der untersuchten Variable stieg er bis auf d=1,48. Dies ist kein ganz zufrieden stellendes Ergebnis. Dennoch wird im Rahmen dieser Unter-suchung am vorgestellten Modell festgehalten. Die d- Werte sind in der Ergebnistabelle enthal-ten.

4.2.3 Resultate

Die Resultate der Regressionen werden in Tabelle 5 aufgezeigt. Eine graphische Darstellung der Regressionsergebnisse liefert Abb. 13 mit partiellen Regressionsdiagrammen, welche die Vertei-lungen der Residuen und die Regressionsgerade der untersuchten Risikoindikatoren visualisieren. Tabelle 6 enthält deskriptive Statistiken der genutzten Indikatoren.

Kolumne 1 von Tabelle 5 bietet einen Überblick über die Resultate der Benchmarkregression der vier Kontrollvariablen. Alle Variablen besitzen die erwarteten Vorzeichen. Drei der Variablen sind auf dem 1- Prozent Niveau signifikant. Die Ausnahme stellt *GROWTH* dar, welches ein Sig-nifikanzniveau von 5% besitzt. Das Bestimmtheitsmaß des Panelmodells R^2 von 0,63 ist an-nehmbar, bedenkt man der Vielzahl der Indikatoren, von denen ausländische Direktinvestitionen abhängig sein können. Zur Kontrolle dieses Modells werden nur wenige genutzt. Im nächsten

Schritt werden die sechs beschriebenen Indikatoren der politischen Risiken nacheinander in die Gleichung eingefügt. Somit kann überprüft werden, ob die Indikatoren einen zusätzlichen Erklärungsanteil in Addition zu den Kontrollvariablen bei den Direktinvestitionszuflüssen in die lateinamerikanischen Länder im Untersuchungszeitraum leisten.

Die Ergebnisse zeigen, dass vier der untersuchten Indikatoren signifikante positive Beziehungen zu ADI- Zuflüssen aufweisen. Abgesehen von *POLVIO* und *RULLAW*. Bei *REGQUAL* besteht eine Signifikanz auf dem 5% Niveau, *VOIACC, GOVEFF* und *CORR* sind sogar auf dem 1% Level signifikant. Dies spricht für eine besonders enge positive Verbindung zu ADI- Zuflüssen. Der geschätzte Koeffizient von *VOIACC* würde theoretisch bei einer Erhöhung um einen Punkt zu einem Anstieg der ADI- Zuflüsse pro Einwohner von 3,39 US$ führen. Eine Zunahme des Koeffizienten von *GOVEFF* um einen Punkt sogar zu einer Erhöhung um 3,80 US$. Diese Zahlen scheinen auf den ersten Blick nicht besonders hoch. Bei der Betrachtung einer Volkswirtschaft wie Argentinien zeigt sich jedoch, dass hinzukommende 3,80 US$ ADI- Zuflüsse pro Einwohner vom Jahr 2005 – 2006 zu einer zusätzlichen Zuwachsrate der ADI von ca. 5% führen würden. In Nicaragua im gleichen Zeitraum zu einem zusätzlichen Wachstum von 8% und in Paraguay sogar zu einem zusätzlichem 30%igen Zuwachs der ADI- Zuflüsse.

Wie obig angeführt, besitzen die Indikatoren zur Messung demokratischer Verantwortlichkeit, der Qualität der Verwaltung, dem Investitionsprofil eines Landes sowie der Kontrolle von Korruption signifikante Koeffizienten für den Untersuchungszeitraum von 1996 - 2006, trotz Einbeziehung anderer Kontrollvariablen, die ADI- Zuflüsse beeinflussen. Der Einfluss demokratischer Verantwortlichkeit einer Regierung auf ADI- Zuflüsse in Lateinamerika gibt Hinweise darauf, dass Investoren sehr sensibel auf die politischen Rahmenbedingungen eines potenziellen Investitionsstandortes reagieren. Fundamentale demokratische Rechte wie politische Meinungsfreiheit und Bürgerrechte sind bedeutsame Elemente für Investitionsentscheidungen multinationaler Unternehmen und stellen in Lateinamerika im Untersuchungszeitraum einen wichtigen Risikofaktor dar. Dieser lässt den Rückschluss zu, dass in vielen lateinamerikanischen Ländern nicht unbedingt ein demokratisches System nach westlichen Normen existiert, das seinen Bürgern Mitbestimmung und Meinungsfreiheit zusichert. Eine Verbesserung demokratischer Rahmenbedingungen würde ceteris paribus zu höheren Zuflüssen von ADI führen.

Ebenso sind ADI- Zuflüsse anhängig von der Qualität der Verwaltung. Die institutionelle Schwäche lateinamerikanischer Länder stellt einen Problemfaktor dar, der kritisch und mit großer Sensibilität zu betrachten ist. Der Verwaltungsapparat vieler Länder scheint nicht unabhängig von der jeweils regierenden Partei arbeiten zu können und weist eine oftmals geringe Effizienz in seinen Arbeitsweisen auf.

Die Folge sind mögliche sprunghafte Wechsel in den Ausrichtungen der Wirtschaftspolitik, Steuerpolitik, Unternehmenspolitik etc. in einem Staat. Somit werden Investoren, gerade vor bevorstehenden Regierungswechseln mit vermeintlichen für sie negativen Änderungen, Vorsicht bei ihren Investitionsentscheidungen walten lassen. Auch das Investitionsprofil gehört zu den signifikanten Risikofaktoren der Region. Seine Bedeutung ist wenig überraschend, da es Subkomponenten enthält, welche extrem wichtig für die Standortentscheidungen multinationaler Unternehmen sind. Zu nennen sind die Enteignung von Besitz und/oder Kapital, Vertragsbrüche, der Schutz geistigen Eigentums oder die Höhe von Besteuerungen oder Restriktionen bei der Rückführung von Profiten. Dass die Bedeutung in der Untersuchung statistisch belegte Relevanz aufweist, zeigt zum einen, dass die Volkswirtschaften Lateinamerikas versuchen, ihre inländischen Wirtschaften durch tarifäre- und nichttarifäre Handelshemmnisse zu schützen. Zum anderen deutet das Resultat darauf hin, dass zumindest in einem Teil der untersuchten Länder ein mangelhafter Schutz für physisches wie geistiges Eigentum ausländischer Investoren besteht. Dies hemmt gerade längerfristig ausgelegte Kapitalzuflüsse wie Direktinvestitionen.

Die vierte Variable mit hoher statistischer Signifikanz für ADI- Zuflüsse ist die Korruption. Sie stellt ein ernst zu nehmendes Risiko für Unternehmungen in lateinamerikanischen Ländern dar. Vielerorts sind einflussreiche Positionen geprägt von Ämterpatronage und Vetternwirtschaft. Dies kann direkt oder indirekt auf unternehmerische Prozesse und Vorhaben Einfluss nehmen, diese behindern, durch zusätzliche Zahlungen verteuern oder zum Scheitern von Unternehmungen führen.

Ein sehr aktuelles Beispiel des Ausmaßes von Korruption und ihren Folgen in einem Land Lateinamerikas bietet Guatemala. Im Mai 2009 wurde dem amtierenden Mitte- Links- Präsidenten Álvaro Colom seitens eines ermordeten Anwalts vorgeworfen, direkte Verbindungen zur Drogenmafia des Landes zu besitzen, Gelder dieser zu beziehen und sie nicht zu bekämpfen. Durch den Tod des Anwalts verschärfte sich das politische und soziale Klima im Land. Zum Zeitpunkt des Schreibens dieses Buches wuchsen landesweite Proteste der Bevölkerung gegen die amtierende Regierung und den Präsidenten direkt. Weitere Entwicklungen sind z. Z. noch nicht absehbar.

Durch das Beispiel zeigt sich jedoch, wie „angebliche" Korruptionsvorwürfe gegen eine Regierung die öffentliche Ordnung eines Landes nachhaltig beeinflussen können. Im heftigsten Fall führt der Korruptionsskandal Guatemalas zum Sturz der amtierenden Regierung, einschließlich vorheriger sozialer Unruhen. Dies könnte zumindest zeitweise eine Unregierbarkeit des Landes zur Folge haben, von der auch unternehmerische Prozesse und Investitionen im Land betroffen wären.

Die Ergebnisse dieser Analyse kommen überein mit den Erkenntnissen von STOSBERG (2004). ADI- Zuflüsse in den Emerging Markets Lateinamerikas sind nach wie vor signifikant abhängig von mit der Regierung eines Staates in Beziehung stehenden politischen Risiken. Differenziert stellen sich die Ergebnisse gegenüber der Studie von BUSSE und HEFEKER (2005) dar. Die demokratische Verantwortlichkeit einer Regierung gegenüber ihrer Bevölkerung ist eine für Entwicklungsregionen der Welt generell relevante Determinante politischer Risiken. Die Qualität der Verwaltung scheint, relativ zu der Gesamtheit der von BUSSE und HEFEKER untersuchten Entwicklungsregionen und -länder, in Lateinamerika höhere Relevanz zu besitzen. Korruption gehört in Lateinamerika zu den wesentlichen Bestimmungsfaktoren von ADI, bei der Analyse von BUSSE und HEFEKER besitzt die Variable keine signifikante Relevanz auf ADI- Zuflüsse.

Die beiden Indikatoren, die in der Untersuchung keine statistisch signifikanten Einflüsse auf ADI- Zuflüsse besitzen, sind zum einen die politische Stabilität und Abwesenheit von Gewalt, zum anderen Recht und Ordnung. Im ersteren Fall haben in Lateinamerika seit den großen Krisen und Diktaturen der 80er Jahre des letzten Jahrhunderts umfangreiche Demokratisierungsprozesse stattgefunden, welche zu einer Abnahme von gewalttätigen Konflikten innerhalb vieler Länder wie auch einer Stabilisierung ihrer politischen Systeme geführt haben.

Eine große Ausnahme hiervon stellt Kolumbien dar, wo bis heute in einigen Regionen soziale Unruhen und Bürgerkrieg vorherrschen. Zwar kommen auch in anderen Ländern nach wie vor Regierungsstürze und soziale Unruhen vor, beispielsweise in Bolivien vom Jahr 2003 – 2005, oder auch in Ecuador im Jahr 2005, dennoch hat sich die Region insgesamt stabilisiert.

Tab. 5: Panelanalyse Lateinamerika, 1996 – 2006

Politische Risikovariable (POLRISK) / Unabhängige Variablen	Abhängige Variable: log FDI						
	(1)	VOIACC Voice & Accountability (2)	POLVIO Political Stability & Absence of Violence (3)	GOVEFF Government Effectiveness (4)	REGQUAL Regulatory Quality (5)	RULLAW Rule of Law (6)	CORR Control of Corruption (7)
log GDP	1,48*** (7,55)	1,30*** (6,38)	1,48*** (7,48)	1,16*** (5,10)	1,30*** (6,22)	1,50*** (7,56)	1,49*** (7,76)
GROWTH	0,19** (2,21)	0,02** (2,055)	0,02** (2,193)	0,02** (2,36)	0,02** (2,30)	0,02** (2,05)	0,02* (1,92)
log TRADE	0,44***~ (2,81)	0,34** (2,14)	0,44*** (2,61)	0,42*** (2,71)	0,30* (1,81)	0,44*** (2,76)	0,50*** (3,24)
log INFL	-0,27*** (-3,70)	-0,27*** (-3,68)	-0,27*** (-3,69)	-0,25*** (-3,40)	-0,32*** (-4,24)	-0,25*** (-3,04)	-0,22*** (-2,88)
POLRISK		0,53*** (2,69)	0,04 (0,09)	0,58*** (2,52)	0,42** (2,38)	0,15 (0,70)	0,50*** (2,77)
R^2	0,63	0,65	0,63	0,65	0,65	0,63	0,65
R^2- Korrigiert	0,62	0,64	0,62	0,64	0,63	0,62	0,64
Durbin- Watson	1,40	1,48	1,40	1,42	1,43	1,40	1,47
Observationen	158	158	158	158	158	158	158

Erklärungen: t- Werte in Klammern angegeben; *** signifikant auf 1% Niveau; ** signifikant auf 5% Niveau; * signifikant auf 10% Niveau

Quelle: eigene Darstellung, eigene Berechnungen nach Daten der WELTBANK 2008a,b

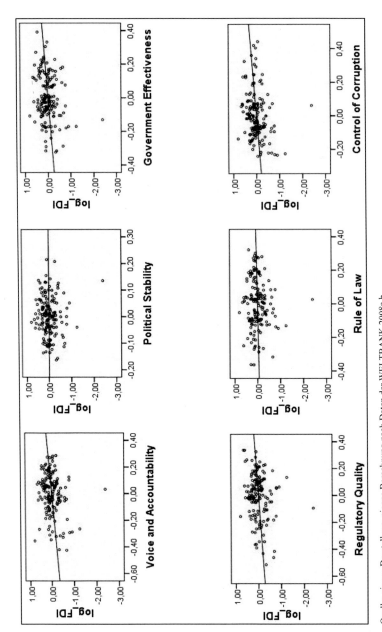

Quelle: eigene Darstellung, eigene Berechnung nach Daten der WELTBANK 2008a,b

Abb. 13: Partielle Regressionsdiagramme der Risikoindikatoren

Tab. 6: Deskriptive Statistiken

Variable	N	Minimum	Maximum	Mittelwert	Standardabweichung
VOIACC	160	0,00	0,96	0,64	0,20
POLVIO	160	0,47	0,95	0,73	0,09
GOVEFF	160	0,00	0,83	0,48	0,18
REGQUAL	160	0,14	0,95	0,61	0,20
RULLAW	160	0,17	0,83	0,47	0,17
CORR	160	0,17	0,83	0,42	0,15
FDI	160	-25,90	783,02	113,30	115,39
GDP	160	1084,90	13029,50	5990,43	2737,83
GROWTH	160	-11,03	18,29	3,55	3,61
Trade	160	14,93	165,61	67,27	29,72
INFL	160	72,24	4497,57	617,58	947,31

Quelle: eigene Darstellung, eigene Berechnung nach Daten der WELTBANK 2008a,b

Dies spiegelt sich auch beim Koeffizienten des Indikators in der Untersuchung wieder, der insignifikant ist. Das lässt den Rückschluss zu, dass die Region im Ganzen eine bestimmte Schwelle der Festigung ihrer politischen Systeme überschritten hat und somit keine direkte Relevanz mehr für ADI- Zuflüsse besitzt. Dieses Resultat kommt überein mit dem Ergebnis der Studie von STOSBERG (2004), der für den Zeitraum von 1982 – 1997 keinen signifikanten Einfluss politischer Risiken auf ADI in den Emerging Markets Lateinamerikas feststellen konnte. Wie jedoch die Studie von BUSSE und HEFEKER (2005) zeigt, besitzt dieses Resultat keine Gültigkeit für Entwicklungs- und Schwellenländer generell, wo der Einfluss sozioökonomischer und politischer Stabilität sehr wohl eine bedeutende Rolle für ADI besitzt.

Der Indikator Recht und Ordnung, der die Stärke und Unbefangenheit eines Justizsystems und die Gesetzesachtung der Bevölkerung beschreibt, scheint in der Region Lateinamerika ebenfalls oberhalb eines kritischen Niveaus zu liegen, und besitzt keine direkten Einflüsse auf ADI- Zuflüsse im untersuchten Zeitraum. Dies mag aufgrund der in der Korrelationsmatrix ausgewiesenen relativ stark ausgeprägten positiven Beziehung zu Korruption verwundern, dennoch scheint es so zu sein, dass das Justizwesen in vielen Ländern Lateinamerikas in einem gewissen Maß ungebundene Entscheidungen trifft und zumindest unternehmerische Prozesse nicht negativ vom Faktor Recht und Ordnung beeinflusst werden. Auch dieses Ergebnis der Untersuchung lässt sich nicht einfach auf andere Entwicklungsregionen der Welt übertragen. Wie BUSSE und HEFEKER (2005) erforschten, ist die Stärke der Gesetzgebung wie auch die Einhaltung von Gesetzen ein großes Problem in Entwicklungs- und Schwellenländern und ein bedeutender Risikofaktor für unternehmerische Prozesse.

Zusammenfassend lässt sich aus den Erkenntnissen schlussfolgern, dass Risikofaktoren, welche die Qualität der Institutionen und Regierungen in Lateinamerika beurteilen, nach wie vor eine große Relevanz für ausländische Direktinvestitionszuflüsse in die Region besitzen. Die Verbesserung der institutionellen Rahmenbedingungen in den Emerging Markets lateinamerikanischer Länder ist ein wichtiges Instrument, um einen Zuwachs der Zuflüsse zu generieren. Dabei hilft der Anstieg institutioneller Qualität nicht nur Unternehmen und Investoren aus dem Ausland. Auch inländische Betriebe profitieren von verbesserten und effizienter arbeitenden Strukturen in Regierung, Ministerien und Verwaltung. Eine Eindämmung von Korruption würde diesen Prozess unterstützen. Der nichtsignifikante Einfluss des Indikators *POLVIO* lässt den Rückschluss zu, dass sich die sozialen Strukturen und die Stabilität der Region zunehmend festigen. Dies trägt nicht nur zu einer positiven wirtschaftlichen Entwicklung in Lateinamerika bei. Vor allem die Bevölkerung in den Ländern profitiert von politischer Stabilität und friedlichen Veränderungen ihrer Systeme.

Zum Abschluss der Untersuchung bleibt zu erwähnen, dass die vorgenommene Analyse keine Einzelfalluntersuchung von Ländern ersetzen soll und kann. Die Aussagen der Resultate sind stark generalisiert und behandeln die Region Lateinamerika als Einheit. Zwischen den Ländern Lateinamerikas existieren zum Teil starke Unterschiede in Wirtschaft, Gesellschaft und Politik. Innerhalb von Ländern existieren wiederum regionale Differenzen. Somit bleibt eine genaue Standortanalyse vor einer bevorstehenden Investition unerlässlich. Dies beeinträchtigt in keinster Weise die Relevanz der gemachten Untersuchungsergebnisse. Zum einen zeigen sie auf, dass Analysen der Faktoren der unternehmensexternen soziokulturellen und politischen Umwelt von Ländern und Standorten nicht zu vernachlässigende Elemente darstellen. Zum anderen identifizieren sie potenzielle Risikodeterminanten von ADI in Lateinamerika, die m. E. zumindest auch in naher Zukunft nicht an Relevanz verlieren werden.

5. Fazit

Das Anliegen dieses Buches besteht darin, die Entstehungsgründe und Bestimmungsfaktoren von Risiken für unternehmerische Tätigkeiten in Emerging Markets, und speziell in Lateinamerika, zu charakterisieren und ihre Bedeutung aufzuzeigen. Die zentrale Hypothese der Untersuchung lautet: Risikodeterminanten besitzen einen Einfluss auf ausländische Direktinvestitionen in den Emerging Markets Lateinamerikas. Dieser Einfluss wichtiger Faktoren ist jedoch nicht grundsätzlich auf andere Emerging Markets übertragbar. Zur Überprüfung dieser Hypothese wurden am Beginn der Studie vier leitende Fragestellungen formuliert. Nachfolgend werden diese zusammenfassend besprochen.

1. Welche Arten von Risiken sind für Unternehmen bei der Betrachtung von Emerging Markets bedeutsam?

In den Emerging Markets der Entwicklungs- und Schwellenländer existieren Risiken für eine internationale Unternehmung, die so in den Industrieländern der Welt nahezu keine Relevanz besitzen. Diese werden auch als Länderrisiken und/oder politische Risiken bezeichnet. Sie können sich negativ auf geplante oder schon vorhandene Investitionen ausländischer Unternehmen auswirken. Ein Risiko bezieht sich hierbei auf die Möglichkeit der Enteignung von Besitz- und/oder Anlagewerten. Diese findet überwiegend in ressourcenextrahierenden Sektoren statt. Im schlimmsten Fall können ganze Wirtschaftszweige ohne angemessene staatliche Entschädigung enteignet werden. Ein weiteres Risiko stellt das Transferrisiko dar. Transferrisiken beruhen auf Entscheidungen von Regierungen, die den freien Verkehr von Kapital, Zahlungen, Produkten, Technologie oder Arbeitskräften in einem Investitionsland einschränken oder behindern. Ein drittes gewichtiges Risiko ist das Dispositionsrisiko. Hierunter ist zumeist staatliche Einflussnahme auf unternehmerische Prozesse zu verstehen. Häufig treten diese in administrativen Bereichen auf und belasten unternehmerische Prozesse. Viertens sind Sicherheitsrisiken anzuführen. Sie umfassen physische Gefährdungen der Belegschaft eines Unternehmens sowie deren Angehörigen, und die Zerstörung von Vermögenswerten wie in Anlagen gebundenes Kapital. Im Fall von internationalem Terrorismus sind Sicherheitsrisiken nicht auf Emerging Markets begrenzt. Zwei weitere auftretende Risiken sind Fiskalische Risiken und makroökonomische Währungsrisiken. Fiskalische Risiken entstehen z. B. aus einer diskriminierenden Politik einer Regierung gegenüber ausländischen Investoren. Währungsrisiken bezeichnen finanzielle Einbußen, die Unternehmen bei Investitionen in verschiedenen Währungsräumen treffen können.

2. Woraus resultieren Länderrisiken und wie lassen sie sich beschreiben und messen?

Länderrisiken resultieren hauptsächlich aus der Gefahr von unvorhergesehenen Änderungen politischer und institutioneller Strukturen eines Landes, wechselnden Ideologien seiner politischen Führung, Änderungen im Rechtssystem eines Staates, soziokulturellen Konflikten innerhalb von Staaten oder grundsätzlich politischer Instabilität von Staaten. Ihre Entstehungsgründe ergeben sich somit aus wirtschaftlichen, soziokulturellen, politischen oder ökologischen Faktoren, wobei die ökologischen Determinanten in der wissenschaftlichen Diskussion oftmals nicht mit einfließen. Die Entstehungsgründe zeichnen sich durch eine hohe Interdependenz untereinander aus. Sie sind somit nur in der Theorie klar voneinander abgrenzbar. Das macht ihre Messung wie ihre Interpretation und Prognose zum Teil schwierig. Rein wirtschaftliche Risikodeterminanten liegen oftmals in quantitativ erhobenen Indikatoren vor und sind somit gut in Analysen verwendbar. Bei der Messung von politisch- institutionellen oder soziokulturellen Determinanten ist eine objektive Erhebung mit Schwierigkeiten verbunden. In vielen Fällen erfolgt die Messung über qualitative Befragungen von Entscheidungsträgern in multinational agierenden Unternehmen oder Experten einer speziellen Region oder eines Bereichs. Die so gewonnenen Beurteilungen können entweder zu einem qualitativen Gesamtprofil eines Standortes zusammengesetzt werden, oder es wird mittels Gewichtung und Skalierung der Erkenntnisse eine Quantifizierung vorgenommen, um eine vergleichende Darstellung verschiedener Standorte zu ermöglichen. Weiterhin bietet sich durch die Quantifizierung die Möglichkeit, die so gewonnenen Indikatoren für ökonometrische Analysen zu nutzen.

3. Welchen Beitrag leisten bereits veröffentlichte Studien der Beziehung von ADI und Risiko zur Hypothese dieser Untersuchung generell und zur empirischen Analyse im speziellen?

Zur Thematik der Länderrisikoanalyse und der Bedeutung von Risikofaktoren für ausländische Direktinvestitionen sind bislang zahlreiche Arbeiten erschienen. Die Untersuchungen sind entweder umfragebasiert oder nutzen statistische Modelle zur Feststellung signifikanter Beziehungen zwischen ADI und Risikodeterminanten. Wie schon in der Einleitung geschildert, unterliegen potenzielle Risiken für Investoren in Emerging Markets einem dynamischen Prozess, da sich die Rahmenbedingungen von Staaten kontinuierlich wandeln. Nahezu alle angeführten Untersuchungen weisen eine starke Bedeutung von potenziellen Risiken für ADI nach. Im Hauptinteresse der Entscheidungsträgern von Unternehmen liegen einerseits Faktoren wie die politische Stabilität von Staaten, der politische Kurs von Regierungen, bürokratische und gesetzgeberische Belange, andererseits Bedrohungen für die Belegschaft, stattfindende Enteignungen, Vertragsbrüche oder auch die mangelhafte Durchführung von Gesetzen und Korruption. Die ökonometrischen Analysen belegen diese Einflussfaktoren größtenteils. Die Erkenntnisse lassen den Rückschluss zu, dass es gerade institutionelle und administrative Schwächen von Staaten sind, die Unternehmungen gefährden können. Aus den Rückschlüssen der Resultate der untersuchten Forschungsarbeiten ergeben sich die für diese Studie zu untersuchenden Faktoren für die empirische Analyse der Bedeutung von Risikofaktoren auf ausländische Direktinvestitionen in Lateinamerika.

4. Welche der untersuchten Risikodeterminanten besitzen eine Relevanz für die Region Lateinamerika? Warum besitzen sie Relevanz? Lassen sich die gewonnen Erkenntnisse auf Märkte in anderen Regionen übertragen?

Die statistische Analyse der Untersuchung führte zum Ergebnis, dass vier der sechs untersuchten Risikodeterminanten einen signifikanten Einfluss auf ausländische Direktinvestitionen im Untersuchungszeitraum von 1996 – 2006 besitzen. Die signifikanten Determinanten sind: erstens der aggregierte Indikator Voice and Accountability zur Messung vom Einfluss des Militärs in der Politik und der Übernahme demokratischer Verantwortlichkeit der Regierung. Zweitens der Indikator Government Effectiveness zur Beurteilung qualitativer Standards der Administration und der institutionellen Stärke der Verwaltung. Drittens der aggregierte Indikator Regulatory Quality, in den Faktoren des Investitionsprofils wie die Anerkennung von Verträgen, vorgenomme Enteignungen oder auch der Schutz geistigen Eigentums bewertet. Viertens der Indikator Control of Corruption zur Messung der Korruption in einem Land. Die beiden Determinanten ohne signifikanten Einfluss sind: der aggregierte Indikator Political Stability and Absence of Violence, der die Komponenten Stabilität der Regierung, interne Konflikte, externe Konflikte und ethnische Spannungen beinhaltet, und Rule of Law zur Messung der Stärke und Unabhängigkeit des Justizwesens eines Staates und der Einhaltung bestehender Gesetze.

Die vier in der Analyse signifikanten Faktoren besitzen Relevanz auf ADI, da sie vorhandene Schwächen in den institutionellen Rahmenbedingungen Lateinamerikas nachweisen. Viele Staaten sind „junge" Demokratien. In Lateinamerika herrschten bis in die 80er Jahre des letzten Jahrhunderts hinein in vielen Ländern autokratische Regimes. „Ende der siebziger Jahre wurde in fast der Hälfte der lateinamerikanischen Staaten gewählt, obwohl in den meisten dieser Länder noch Militärdiktaturen an der Macht waren." (vgl. HAUBRICH 1996) In Lateinamerika existieren zum Teil bis in die heutige Zeit hinein noch alte feudale Machtstrukturen in weiten Teilen des Kontinents. Vor allem in abgelegeneren Gegenden liegt die lokale und wirtschaftliche Macht oft seit Jahrhunderten bei den gleichen Familien. Dies erklärt im Bezug zu den in der Analyse signifikanten Variablen für ADI die noch heutzutage vorherrschenden Defizite in institutionellen und administrativen Bereichen vieler Staaten der Region.

Die in der Analyse gewonnenen Erkenntnisse lassen sich nicht generell auf Emerging Markets in anderen Regionen der Welt übertragen. Dies zeigt der in der Studie vorgenommene Vergleich der Ergebnisse mit der Arbeit von BUSSE und HEFEKER (2005). Zwar kann vermutet werden, dass aufstrebende wachstumsstarke Staaten auch in anderen Weltregionen institutionelle Schwächen und Risiken für internationale Unternehmungen aufweisen, diese können jedoch in Art und Ausprägung variieren.

Die in dieser Analyse vorgenommenen verallgemeinernden Aussagen sollten mit einiger Vorsicht interpretiert werden, da zwischen den Ländern Lateinamerikas strukturelle Unterschiede vorliegen. Dies geht auch aus der deskriptiven Betrachtung der Risikovariablen hervor (vgl. Tab.5), die eine hohe Spannweite besitzen. Die vorliegende Studie fasst Faktoren heterogener, in Kultur und Regierungsform unterschiedlicher Länder zusammen. Ihr Zweck soll nicht sein, absolute Ergebnisse im Bezug auf Investitionen in Lateinamerika zu präsentieren. Vielmehr soll sie den relativen Einfluss verschiedener Risikofaktoren und der Rolle von Institutionen beschreiben und ggf. unternehmenspolitisch relevante Hinweise über eventuelle Probleme vor Ort liefern, die Investitionen betreffen könnten. Die gewonnenen Erkenntnisse ersetzen keine Tiefenanalyse einzelner Standorte. Ein möglicher weiterer Schritt könnte darin bestehen, die Stärke des Zusammenhangs von Risikofaktoren und ADI mittels Korrelationsanalysen für einzelne Länder zu analysieren. In diesem Zusammenhang wäre die Nutzung der Einzelindikatoren des ICRG zu empfehlen, die eine differenziertere Betrachtung politischer Risiken ermöglichen als die hier verwendeten aggregierten Indikatoren. Im Rahmen dieser Studie war dies nicht möglich.

Der Versuch, politische Schlussfolgerungen zu ziehen, ist nicht einfach. Zum einen sind die gewonnenen Erkenntnisse sehr allgemein gefasst und nicht auf alle Länder eins zu eins übertragbar. Lateinamerika umfasst durchaus Länder, deren hier untersuchte Risiken heutzutage als gering einzustufen sind, z. B. in Chile, aber auch in Mexiko oder Brasilien, von der Korruption abgesehen. Zum anderen sollten Handlungsempfehlungen für souveräne Staaten von Außenstehenden nicht leichtfertig verteilt werden. Dennoch lassen die Resultate dieser Analyse die vorsichtige

Schlussfolgerung zu, dass eine Ausrichtung der nationalen Politik auf verantwortungsbewusste Regierungsführung für die Staaten Lateinamerikas von Vorteil wäre. Hiervon würden nicht nur ausländische Direktinvestitionen profitieren. Eine gute Regierungsführung würde auch heimischen Investoren und Unternehmen zugute kommen.

Literaturverzeichnis

AHARONI, Y. 1966: The foreign Investment Decision Process. Boston

BAGALTI, B.H. 2005: Econometric Analysis of Panel Data. 3rd edition. Chichester: Wiley & Sons Ltd.

BALLEIS, S.M. 1984: Die Bedeutung politische Risiken für ausländische Direktinvestitionen: Unter besonderer Berücksichtigung politischer Stabilität. Nürnberg: Pauli- Balleis

BASI, R.S. 1963: Determinants of United States Private Investment in Foreign Countries, Kent: Kent State University Press

BATHELT, H.; GLÜCKLER, J. 2002: Wirtschaftsgeographie. Stuttgart: Ulmer

BREUER, W.; GÜRTLER, M.; SCHUHMACHER, F. 2003: Risikomanagement. In: BREUER, J.; GÜRTLER, M. (Hrsg.): Internationales Management. Betriebswirtschaftslehre der internationalen Unternehmung. Wiesbaden. S. 449-492

BUSSE, M.; HEFEKER, C. 2005: Political Risk, Institutions and Foreign Direct Investment. HWWA Discussion Paper 315. Hamburg

CHAKRABARTI, A. 2001: The Determinants of Foreign Direct Investment: Sensitivity Analysis of Cross- Country Regressions. In: FREY, R.L. (Hrsg.): International Review of Social Sciences. Bd. 54.2001, 1, S. 89 - 114

CLOES, R. 1988: Das Länderrisiko bei internationalen Kapitalbewegungen. Analysekonzepte und Bewältigungsstrategien. Köln

DUNNING, J.H. 1981: International Production and the Multinational Enterprise. London: Allen & Unwin Inc.

DUNNING, J.H. 2003: The eclectic (OLI) paradigm in international production: Past, present and Future. In: CANTWELL, J.; NARULA, R. (HRSG): International Business and the Eclectic Paradigm: Developing the OLI Framework. London: Routledge

ECKSTEIN, P.P. 2008: Angewandte Statistik mit SPSS. Praktische Einführung für Wirtschaftswissenschaftler. 6. Auflage. Wiesbaden: Gabler Verlag

ECONOMIC COMMISSION FOR LATIN AMERICA AND THE CARIBBEAN (ECLAC) 2008: Foreign Investment in Latin America and the Caribbean 2007, Santiago de Chile

EVERTZ, D-W. 1992: Die Länderrisikoanalyse der Banken. Darstellung, Analyse und Beurteilung mit entscheidungs- und planungsorientiertem Schwerpunkt. Berlin: Dunker & Humblot

FRÖHLICH, F.W. 1974: Multinationale Unternehmen: Entstehung, Organisation und Management. Baden- Baden: Nomos Verlag

GODAU, M. 2001: Die Bedeutung weicher Standortfaktoren bei Auslandsinvestitionen mit besonderer Berücksichtigung des Fallbeispiels Thailand. Dissertation. Frankfurt a.M.

HAAS, H-D.; NEUMAYR, S-M. 2006: Internationale Wirtschaft: Rahmenbedingungen, Akteure, räumliche Prozesse. München: R.Oldenbourg Verlag

HAAS, H-D.; NEUMAYR, S-M. 2007: Wirtschaftsgeographie. Darmstadt: WBG

HAJZLER, C. 2008: Resource-based FDI and Expropriation in Developing Economies. University of Western Ontario

HAUSMANN, R.; ARIAS, E- F. 2001: Foreign direct investment : good cholesterol?. In: OECD (Hrsg.): Foreign direct investment versus other flows to Latin America. Paris

HENISZ, W.J. 2002: Politics and International Investment: Measuring Risks and Protecting Profits. Northhampton: E. Elgar Publishing, Inc.

HERRMANN, A. 1984: Kursschwankungen im Regime flexibler Wechselkurse- Hypothesen über Ursachen und Wirkungen. Ein Überblick. In: IFO- Schnelldienst, 32-1984, S. 11-28.

HOTI, S.; McALEER, M. 2004: An Empirical Assessment of Country Risk Ratings and Associated Models. In: Journal of economic surveys. Bd. 18.2004, 4, S. 539-588. Oxford: Blackwell Publishing

HSIAO, CH. 2003: Analysis of Panel Data. 2nd edition. Cambridge: Cambridge University Press

HUMMEL, B. 1997: Internationale Standortentscheidung: Einflussfaktoren, informatische Fundierung und Unterstützung durch computergestützte Informationssysteme. Freiburg i BR.: Haufe

IADB (Inter- American Development Bank) 2001: Competitiveness: The Business of Growth. Washington D.C.

JOST, T; NUNNENKAMP, P. 2002: Bestimmungsgründe deutscher Direktinvestitionen in Entwicklungs- und Reformländern : hat sich wirklich etwas verändert?. Kiel

KENNEDY JR., CH.R. 1973: Political Risk Management. International Lending and Investing under Environmental Uncertainty. Westport: Quorum Books

KLOSE, S. 1996: Asset- Management von Länderrisiken. Bern; Stuttgart; Wien: Verlag P. Haupt

KOCHALUMOTTIL, B. 2002: Verfahren, Methoden und neue Ansätze zur Beurteilung von Länderrisiken. Marburg: Tectum Verlag

KRAYENBUEHL 1988: Country Risk. Assessment and Monitoring. (2. Auflage). Cambridge: Woodhead- Faulkner Ltd.

KRUGMAN, P.R.; OBSTFELD, M. 2008: International Economics: Theory & Policy. (8. Auflage). Boston: Pearson Education

KRYSTEK, U.; WALLDORF, E.G. 2002: Frühaufklärung länderspezifischer Chancen und Bedrohungen. In: KRYSTEK, U.; ZUR, E. (Hrsg.): Handbuch Internationalisierung. Globalisierung- eine Herausforderung für die Unternehmensführung. Heidelberg 2002, S. 651-671

LAI (Lateinamerikainitiative der Deutschen Wirtschaft) 2008: Boomregion Lateinamerika: Potenziale, Risiken und Trends für die Deutsche Wirtschaft. Grundsatzpapier. Berlin

LEAMER, E.E. 1983: Let's take the Con out of Econometrics. In: American Economic Review. Bd. 73.1983, 3, S. 31 – 43. Nashville

LEAMER, E.E. 1985: Sensititity Analysis would help. In: American Economic Review. Bd. 75, 3, S. 308 – 313. Nashville

MEYER, M. 1987: Die Beurteilung von Länderrisiken der internationalen Unternehmung. Berlin: W. Hildebrand

MIGA (Multilateral Investment Guarantee Agency) 2002: Foreign Direct Investment Survey, Washington D.C.

MEYER-STAMER 1996: Technologie und industrielle Wettbewerbsfähigkeit: Allgemeine Überlegungen und Erfahrungen aus Brasilien, Köln

MOOSA, I.A. 2002: Foreign Direct Investment: Theory, Evidence and Practice. New York: Palgrave

NUNNENKAMP, P. 2005: Was von ausländischen Direktinvestitionen zu erwarten ist: Unbegründete Ängste in den Heimatländern, übertriebene Hoffnungen in den Gastländern? Kiel

LICHTLEN, M.F. 1997: Management von Länderrisiken. Bern, Stuttgart und Wien

LUTHER, K.A.N.; SETHI, S.P. 1993: Political Risk Analysis and Direct Foreign Investment: Some Problems of Definition and Measurement. In: ALIBER, R.Z.; CLICK, R.W. (Hrsg.): Readings in International Business: A Decision Approach. Cambridge: The MIT Press

LÜNING, J. 1992: Direktinvestitionen und Standortverhalten von multinationalen Unternehmen. Eine theoretische und empirische Analyse für die Region Wien. Wien

OECD (Organisation for Economic Cooperation and Development) 1994: Assessing investment opportunities in economies in transition. Paris

OSEGHALE, B.D. 1993: Political instability, interstate conflict, adverse changes in host government policies and foreign direct investment : a sensitivity analysis. New York: Garland

PEISERT, R. 2005: Internationale Standortforschung im Handel. Dissertation. Lohmar- Köln: Josef Eul Verlag

RAFFÉE, H.; KREUTZER, R. 1984:Ansätze zur Erfassung von Länderrisiken. In: Kortzfleisch, G.; Kaluza, B. (Hrsg.): Internationale und nationale Problemfelder der Betriebswirtschaftslehre. Berlin 1984, S. 27 - 64

SIMON, J.D. 1982: Political Risk Assessment: Past Trends and Future Prospects. In: Columbia Journal of World Business, 17, S. 62-71. New York

SCHNEIDER, F.; FREY, B.S. 1985: Economic and political Determinants of Foreign Direct Investment. In: World Development. Bd. 13.1985, 2, S. 161-175. Amsterdam

SCHRÖDER, A. 2006: Prinzipien der Panelanalyse. In: ALBERS, S. et al. (Hrsg): Methodik der empirischen Forschung. S. 275 – 292. Wiesbaden 2006: Deutscher Universitäts-Verlag

STOCKNER, W. 1984: Die Bewertung des Länderrisikos als Entscheidungshilfe bei der Vergabe internationaler Bankkredite, Frankfurt a. M.

STOSBERG, J. 2005: Political Risk and the Institutional Environment for Foreign Direct Investment in Latin America. Frankfurt a. M.: Peter Lang GmbH

TICHY, G. 1991: The product-cycle revisited: Some extensions and clarifications. In: Zeitschrift für Wirtschafts- und Sozialwissenschaften, Band 111, S. 27-54

TRISTRAM, D. 2007: Wissenschaftsparks in Lateinamerika. In: REVILLA DIEZ, J. (Leitung) HS 2: Infrastrukturen für wissensbasierte Regionalentwicklung im internationalen Vergleich- Die regionalwirtschaftlichen Wirkungen von Hochschulen, Wissenschaftsparks, Technologiezentren und Exportförderzonen. Leibniz Universität Hannover

UNITED NATIONS 1992: The Determinants of Foreign Direct Investment. A Survey of Evidence. New York

UNDP (United Nations Development Programme) 2008: Human Development report 2007/2008. Fighting Climate Change: Human solidarity in a divided world. New York

WAFO, K. 1998: Political Risk and Foreign Direct Investment. Konstanz

WELTBANK 2008a: World Development Indicators (WDI) 2008 CD-ROM. Washington D. C.

WEZEL, T. 2005: Determinants of Foreign Direct Investment in Emerging Markets. An Empirical Study of FDI Flows from Germany and its Banking Sector. Frankfurt a. M.: Peter Lang GmbH

WINTER, J. 2006: Nach Produktion kommt Forschung und Entwicklung. Mittel- und Osteuropa als Ziel von Auslandsinvestitionen in der Automobilbranche. In: Osteuropaforschung- 15 Jahre „danach". Beiträge für die 14. Versammlung junger Osteuropa-Experten. Arbeitspapier: Nr. 77-2006. Bremen

Internetquellen

BERI o. J.: Business Environmental Risk Service

http://www.beri.com/

Erstellt: keine Angabe, Abruf: 13.01.2009

DULLIEN, S. 2003: Währungsregime in Lateinamerika: Die jüngsten Krisen als Bankrotterklärung der orthodoxen Politikempfehlungen

http://www.dullien.net/pdfs/wr.pdf

Erstellt: 23.10.2003, Abruf: 20.03.2009

ECKEY, H-F.; KOSFELD, R.; TÜRCK, M. 2005: Ökonometrische Eingleichungsmodelle mit SPSS- eine Einführung. Universität Kassel.

http://www.ivwl.uni-kassel.de/eckey/lehre/oekonometrie/spss/spss_skript.pdf

Erstellt: 03.2005, Abruf: 07.04.2009

HAUBRICH, W. 1996: Der lange Weg von der Diktatur zur Demokratie. Der Rückzug des Militärs in Lateinamerika. Deutsche Gesellschaft für Auswärtige Politik e.V.

http://www.internationalepolitik.de/ip/archiv/jahrgang1996/juli1996/der-lange-weg-von-der-diktatur-zur-demokratie--der-ruckzug-des-militars-in-lateinamerika.html

Erstellt: keine Angabe, Abruf: 15.04.2009

PRS (Political Risk Service) 2007: ICRG (International Country Risk Guide)

http://www.prsgroup.com/ICRG_Methodology.aspx

Erstellt: 2007, Abruf: 14.01. 2009

WELTBANK 2008b: Governance Matters 2008: Worldwide Governance Indicators 1996 – 2007: Political Risk Service: ICRG Averages of sub- Indicators. Washington D. C.

http://info.worldbank.org/governance/wgi/sources.htm

Erstellt: 2008, Abruf: 20.02.2009